The Power of Communication for A Happy Life.

伝わる・読み取る・人を動かせる

コミュニケーション力を持て

玉木四郎

経営学の先駆者 チェスター・I・バーナードの人間関係の技術

青萠堂

はじめに　スマホ・パソコンに人間は支配されていいのか

少し前までは日本のＧＤＰは世界3位だったのが、現在4位、世界をリードする日本人としては嘆かわしいかぎりです。その日本を支えてきた原動力は、実は日本語にあると思っています。日本語は漢字と仮名文字とカタカナ文字を駆使して、独創力と行動力を発揮した、たぐいまれな言語なのです。それらが今、力を失い、明治以来の卓越した発想力と実践力がどこかへ隠れてしまいました。

最近の日本は国力の低下が目立ちます。

失われた30年とか、ＧＤＰがドイツに抜かれ、やがてインドにも。韓国とは一人当たりの国民所得では抜かれたらしいとか。また女性の役員数では先進国の中で最低だそうです。

サッカーや野球のプロの世界では、日の出の勢いを感じさせられますが、経済の世界では円安と共に下降線をたどって、どこまで落ちるか不安さえ感じさせられます。

日本人が日本語から遠ざかり幼稚な言葉でスマホを駆使してやり取りしています。英語が世界の共通語といわれ、米国が世界をリードしてきたことは事実です。しかし日本人から見ると英語の表現力とは、伝えるには短くて便利ですが、深い精神の世界や芸術の世界を語るには、時に幼稚に見えるときがあります。その証拠にヨーロッパではほかの国を真似しない西欧人が日本文化に憧れをいだき、ジャポニズムがもてはやされました。日本文化を学びたいという外国人は今も少なくありません。インバウンドの凄さを見ても、ただ物価が安いから円安だというけれど、それればかりではなく日本はかつて「黄金の国」といわれた過去の魅力を感じているのではないでしょうか。

ボーダレス時代における経済成長は、戦争や疫病、災害、為替や金利などで海外の影響を受けやすく、国内にあっては経済政策や産業構造、少子高齢化問題、その他諸々に影響を受けます。

しかしそれとは別に、日本人の組織に対する考え方や、共通の目的としてのコミュニケーション作りに大きな問題があると思います。

「人間」とは『人の間』と書きます。人と人との間のコミュニケーションこそ最も重要です。端的に申せば、タテ社会の形式に組織作りの意識が薄く、それに伴うコミュニケーション作りにも関心が低く、それらの結果が「失われた30年」になったともいえます。

日本は米国の影響を受け、急激に経済成長したのですが、その時とり入れし忘れたのが、バーナードによるコミュニケーションを核にした組織論だったのではないでしょうか。これが独創的な発展ができない一因に思えるのです。

日本語の面からみると米国文化コンプレックスのせいか、「日本人であっても日本語なんてよく知らなくても受験には関係ない」と、自ら否定して、ヨコ文字文化にどっぷり浸《ひた》っているように思います。ＬＩＮＥに象徴されるように話し言葉で意志は通じると思っているようです。単純に要件を伝える伝達手段でいいとしか考えない若い世代の人々を生み出しているのです。

日本では、１９９０年ごろからＩＴ化時代が始まり、その頃から日本人は自筆の文字を書かなくなったともいわれています。

現在はデジタル社会のど真ん中にあり、プライベートではがきを書く人が少なくなりました。これが最近「日本人の日本語離れ」に拍車をかけている結果を招いています。「文字を手書きで書かなくなった」ことです。

年賀状にしても、写真などが多くなり文字を書く欄も少なく、宛名もすべて印字化されて、手書きが少なくなりました。

手書き文字が少なくなったことが、日本人の大きな問題だと思うのです。それがコミュニケーション不足を招き、個人同士や職場などでの意思の疎通が少なくなりました。それが個人の活動を鈍くし、企業にあっては業績そのものが不振になっていると勘繰る向きもあります。

それは論理の飛躍だと笑われますが、失われた30年を顧みますと笑っておれないような気がします。胸に手を当てて、年月を振り返ってください。

日本で１９７０年から１９８０年代の米国を凌ぐ経済も、バブルの後遺症におののき、独創性と競争力を失った普通の国に戻りました。

日本人がいま盛んにやり取りしているのは、スマホのＬＩＮＥで、これは口語で漫画のように吹き出しの中で話しているように思えるのです。

この体たらくはなんなのでしょう。スマホのやり取りも決して悪くはありません。しかし手書き文化が失われると人間思考も単細胞になり、独創力、創造力、想像力が失われていっているように感じませんか。もう一つ残念なことを付け加えれば、早く目的地へ着くことよりも、そのプロセスを味わわなければ人生もったいないではありませんか。旅先に行っても「さぁ着いた、では戻ろう」で、旅の本当の意味があるでしょうか？

人間が万物の霊長といわれるのは「考える力」があるからだと思います。せっかく知能が進化してきたのに、ここへきてITロボットに頭脳を奪われ、退化していくように思えます。これでは何の情緒もない人間になり下がってしまいます。

ここで人間復興！　に目覚めて、大いに想像力、創造力、創作力を発揮していこうではありませんか。

タイピング文字は、悪いとはいいません。手書き文字には、お互い同士のこころとこころの交流があります。そこを原点としてお互いの行き来が始まり、新しい発想や問題解決へと進展し、共通の目的としての良きコミュニケーション作りが始まります。「急がば廻《まわ》れ」ではありませんが、多少の労力や時間の無駄は否めませんが、結果的には正解を得ることになります。

そんな思いを秘めて拙著に取り組みました。

２０２４年９月

著者

目次

カバーイラスト　U・G・サトー
カバー本文デザイン　青鹿 麻里

第1章

人間関係になくてならぬものはコミュニケーション力

コミュニケーション力の正体と急所

コミュニケーションという言葉が頻繁に使われ出して100年も経《た》っていません。

コミュニケーションという言葉は、コミュニティという言葉に語源があるように私は思っています。コミュニティは地域社会とか地域活動を行う時に使う言葉です。人は生活や社会活動のために集まる場所をコミュニティともいっています。

そこに必要なものは人間同士が行き来することであり、そのことがコミュニケーションだと考えます。コミュニケーションとは人間対人間の関係を取り結ぶための言動といえばいいでしょうか。

コミュニケーションというその言語の意味は広範で、捉え方や生かし方が広い分野だけに、ここでコミュニケーションの意味合いを次のように捉えて分類してみましょう。

気持ち・意見などを、言葉などを通じて相手に伝えること。

通じ合い（岩波国語辞典より）

社会生活を送る人々の間で知覚や感情、思考の伝達（岩波書店広辞苑より）

一人ひとり異なる存在である私たちが、お互いの差異を乗り越えて、新たな次元でつながるということ。（『コミュニケーションは正直が9割』田原総一朗著・〈クロスメディア・パブリッシング（インプレス）刊より）

コミュニケーションとは、組織の中の三要素の一つである。（バーナード理論より）

ここに掲げた解釈は一般論であり、どんなことにも適用できる解釈でもあります。個人でも、集団でもあらゆる場合に適用される表現です。

要するに「通じ合う」という意味合いです。（こころの交流）

意志の伝達としての知覚、感情、思考を人が社会生活を営むための、生きる手段として必要としたもの、これがコミュニケーションづくりです。（意思の疎通）

田原総一朗さんがジャーナリストという立場でいっておられます。（出典同右より）

大衆の考えや、企業や政治や特殊な団体の意見を国家や民族のレベルで、意見や主義主張を幅広くまとめるためを、コミュニケーションともいっておられます。

マスコミ界の寵児ともいわれる方だけに、大衆の意思や民意を掌握できる手腕は当代のピカイチといわれています。

昭和一桁世代として論客に磨きがかかってきましたが、加齢とともに相手の意見や意思をよく聞くようになってきました。コミュニケーションとは他者の話をよく聞くということなのかもしれません。(相互理解)

バーナード理論は米国の近代経営管理の理論です。

第一次世界大戦後、アメリカ経済の好・不況の波が激しいために、その難題を解決するための経営管理としてのバーナード理論が経営学として求められました。

その経営学の中に求められたのが共通目的を達成することです。

そのために必要なのはコミュニケーションです。

従って、共通目的=コミュニケーションとなります。

(こころの交流)(意思の疎通)(相互理解)(共通目的)

コミュニケーションを日本語に訳せば、大雑把ですがこの4通りになりますが、どれもお互いの気持ちを融合させて、思いを一つにして物事を成すことです。そのためのコミュニケーションという言葉があるといえます。

さらに別な表現をするならば、

お互いが寄り添い助け合い、共通目的を達成する行為

仕事にはもちろん、人生にとっても大事なことですから、出来うるならば、この23文字を丸暗記でもいいので、頭の隅にも置いておくと、いい人生を送れるキーワードになるかもしれません。

それなりの人生訓みたいな趣があると思います。

コミュニケーションという言葉はそれだけ重みがあるということだと思います。

人対人が関与する人生最大のコミュニケーションの絶対常識

コミュニケーションとは情報伝達の要《かなめ》であり、そのために人々が行き来しなければなりません。そんな意味ではコミュニケーションを次のようにも分類ができます。

・無言のコミュニケーション
人と人との心のメッセージをやり取りして結び付くこと。

また、言葉や文字を使わないような、例えば親子の絆のように親の無言の愛情が子の成長を育むように。

さらに、福祉活動のように弱者に対する支援活動などもこの部類にあたる。

もう一つ、「目は口ほどに物をいう」という諺ではないですが、言葉が無くても相手の態度や表情で意思が伝わったりして理解ができること等々。

「立派な人は多くをしゃべりません。たった一言で盤石の重みをもちます。」白洲正子（文筆家、古典研究家）

本当は無言のコミュニケーションが一番良いのでしょうか？

・言語コミュニケーション
言葉を使って意図や感情を伝えるコミュニケーション。

はがき、手紙、書簡などの文字を使ったコミュニケーション作り。電話はもとより、最近は電子メールや音声などでの言葉で手作りのコミュニケーション作りが広範に行われるようになってきました。

この本では手書きを推奨しています。手書き面倒だという若い方が多いかと思いますが、それはスマホ文化に毒されているので、手書きは一番手間暇がかかりますが、人間の根源に迫るものと確信しています。

・行動コミュニケーション

言語以外の手がかりを使って行われるコミュニケーション。

スポーツを行ったり観たり、芝居をしたり観劇をしたり等々も、結果的にはコミュニケーションといえます。もちろん食事したり、ゴルフなどをしたり結果的にはこの部類に入ります。

また、お互いの動作、態度、表情等々を通して理解し合えるコミュニケーションといえます。

人間対人間の行いは、言葉や文字以外で多くのコミュニケーションが行なわれています。

コミュニケーション能力を高める秘訣

その心得を列挙してみましょう。

・自分を向上させる修練を日々努力し継続すること。
・人生について人の意見でなく自分の見識を磨く。
・グローバルに政治経済の情報を察知し、世界や日本の動静にアンテナを張り知識を深める。
・何事も経験できることは率先してやり、貴賤を問わずどのような職業にも知識と理解を深める。
・生活人として物価や家計に関心を持ち、その見識を持つこと。
・幅広く趣味を持ち、多様な専門分野の話にもついていける肩のこらない知識をもつ。
・プライベートは開放的にして、家庭や家族のよもやま話ができる話題の豊富な人でいる。
・専門的でなくてもスポーツについての面白い話題を提供できる人間と呼ばれるようにする。

・目先のことばかり追いかけず、先を見通し、将来について人生設計をしている。

◇相手の言葉を「聴く力」
・相手の伝えたいことを最後までしっかりと聴くこと。
・相手の伝えたいことを理解する力。
・時には言葉尻を採って相槌を。
・一度で理解できなかったらしっかり再度聞く。

◇非言語を「伝える力」
・身振り手振りや、声のトーン、目の動きや表情で言語以外で相手が話しやすい環境づくりも必要です。
・相手に対してしっかり聞いているシグナルとして、相手を見つめたり、うなずきとかあいづちも必要です。

◇非言語を「読み解く力」

・相手の感情や言葉の裏に隠された本当の思いなどをくみ取るうえで重要になります。笑い声は上げても顔は笑ってないなど……。

相手とのコミュニケーション関係で忘れてならないこと

・相手のニーズなどを知りそれにこたえること
・相手にないものを与える
・こちらのニーズを相手に伝える
・こちらにないものを求める
・病気や入院経験、持病のことなど役立つ経験を伝える

現代は物資が豊富で、通信や交通も便利ですが、江戸時代以前は食料などの物質不足や旅をするにも不便な時代でした。

そんな時代は人と人とのコミュニケーションが少なく、「伝わること」に希少価値があ

りました。要するにコミュニケーションが不足していました。

そんなことを思いめぐらすとコミュニケーションとは人の出会いといえます。一期一会ではないですが、会って話をすることがコミュニケーションの一番の要です。

交通・通信の発達した現代は、プライベートでもビジネスでもあらゆる次元で多忙を極めて、一日の時間がいくらあっても足りない時代です。そんな時代は電話・メール・文書・映像等々を使い短時間でコミュニケーションの成果を挙げることが日常茶飯事、当たり前のことです。しかしながら、そんな時こそ見えるものも見えなくなり、聞こえるものも聞こえなくなるものです。

昔からのいわれていることではありませんが、「急がば回れ」の故事が思い出されます。時間を気にせずゆったりとした気持ちを持てば、見えないものも見えてきて、聞こえないものも聞こえてくるものです……。

コミュニケーションづくりは「会って話をすること」が一番と記しましたが、その中で、自分を正直に出せることがベストです。相手の立場に立ってコミュニケーションを図ることも大切です。お互いの立場が違っても、立場を超えての共通点を探り、創ることが肝要です。

ここで会話の具体的なテクニックをご紹介しましょう。

1・初対面でよい印象を与え、相手の立場を理解すること
2・身振り、手振りや声のトーン、目の動きで話しやすい環境を
3・相手を見つめたり、うなずいたりして聞き上手を

しかし何より大事なのは正直な心です。

今の世の中、どうコミュニケーションをとっていくか

この80年近く戦争の経験がない、平和な時代を過ごしてきた日本です。
「失われた30年」は別にして、日本全体のコミュニケーションは、国民が互いに意思の疎通を果たしてきたといえます。戦前のように言論の自由や行動の制限などもなく、経済成長と並走しながら、相手を尊重した思いやりのある比較的民主的なコミュニケーションを享受してきたといえます。

そんな良好といえる共通目的としてのコミュニケーション作りができたのも、戦争のない平和な国であったからこそと断言できます。今の世代の人にはわからないかもしれませんが、それはまた単なる平和というだけでなく、経済的な繁栄があったからこそ、できたことはいうまでもありません。経済が悪ければ結果として、国民の行動も鈍くなり、コミュニケーション活動も低調になっていきます。

自由とか民主的とか経済の繁栄などとの言葉を使いましたが、そうでない国の人はどうなるのでしょうか？　コミュニケーションが低下するのでしょうか？

それは特段にないと思っています。国家レベルで考えれば言論統制や外出禁止令がないかぎり、コミュニケーション作りには影響がないと思います。

そもそもコミュニケーションというものは、人間の生活や社会活動に必要欠くべからざる存在で、最低限必要な、基本的な生存権みたいなものと思えるのです。

衣食住、娯楽、スポーツ等々現代のマスコミの発達している時代では、どの国もどの民族も、国の体制が違っていても基本的なコミュニケーションを遮《さえぎ》ることは不可能です。文明とか文化というものは根底に自由とか競争とかがあり、その延長上により良い生活の向上を求めるからです。

人類の進歩という角度から、共通目的としてのコミュニケーションを考えてみますと、それはなくてはならない必需品のように思われるからです。なぜならば、人類の文明や文化の発達と歩調を合わせて、コミュニケーションは拡大や発展をしているからです。具体的なコミュニケーション発展の一例として、今では国民各自の必携といわれる携帯電話を見れば理解できると思います。

1990年頃から日本もIT化時代に入り、パソコン、携帯電話、複写機、ファクシミリーなどが企業に、徐々にではあるが取り入れられるようになってきました。

欧米では日本より10年以上早く、各企業のＩＴ化が始まり、デジタル時代にふさわしい企業が生まれ、それにともなうビジョンとしての新産業が続々と生まれました。しかし、欧米と日本の目に見えない差が「失われた30年」となって後々まで尾を引いているわけです。

１９９０年からの30年間は、大半の企業にバブルが弾けた恐怖が悪夢のように残り、自分の影法師におびえるように足元の採算性ばかりを気にして、将来ビジョンを投げ出した経営になりました。この時代にパソコンや携帯電話が国民の中に広く普及しました。

従って、「失われた30年」こそは、国民がくまなく共通目的としてのコミュニケーションを発展するチャンスだったといえます。そのチャンスを健全に生かしきれなかったことが、欧米や中国や韓国企業との差が生じて、失われた30年を今も引きずって悩んでいるのではないでしょうか。

現代の日本のパソコンや電話機、テレビ、ＦＡＸ等々どれをとっても経済の発展と切り離して考えられません。文明や文化が高度になればそれに比例するように、共通目的としてのコミュニケーションも拡大するのです。さらに、ボーダレス社会となり、世界各国が流通や交通で結ばれるネット時代です。それ自体がコミュニケーションの必要性になり、人々の輪を広げざるを得ない状況となるからです。

日本の共通目的としてのコミュニケーションは，自由とか民主的とかの問題を一見無視して、経済成長と共に勝手に羽ばたく代物とも見えますが、果たしてそうでしょうか。「失われた30年」が過ぎ、新しい成長する日本のコミュニケーションは、止めどもなく羽ばたく生き物なのです。しかし努力なくして得たものではありません。日本のコミュニケーションの底辺には、戦後の経済復興を支えた自由とか民主的なものを共通目的とした、コミュニケーションの力が潜んでいたことを忘れてはいけません。大きくとらえれば、そこには国家のための国民の自発的な意思と協力があったのです。

山高ければ谷深し。30年間の底から這いあがる日本経済は、独創性と実践力を求めながら、景気の高みを目指しますが、その基本は国民の協力なくしては実現できません。政治や経済や社会における指導者達の共通目的としてのコミュニケーション作りを人々がどのように受け入れるかがポイントです。

政・官・財・労・学等々の指導者たちが国民各層の思いを取り入れ、それを形のあるものとして生かす実践力が何よりも重要といえます。

今、証券取引所始まって以来の株価4万円以上の高値がついて、どのマスコミも手のひらを返すように、日本経済を称賛しつつあります。

世界最大の半導体メーカー台湾のTSMC（台湾積体電路製造）の誘致に始まって、2029年までに9兆円の投資計画が全国に目白押しで、世界の半導体50％を占めた過去の面影を求める日本政府です。

長かった「失われた30年」とも完全に手が切れて、新しい日本経済のレールに乗れるか、ここ数年が勝負どころといえます。

第2章

コミュニケーション力を日本人は置き忘れている

飛鳥時代から始まる日本の歴史を紐解けば、いろんな出来事が史実として残り、その出来事はすべて歴史上の人々によって、つまり人間対人間の世の中で形作られてきました。それらを別な表現でいうなら、当時の人々はお互いのコミュニケーションを図りながら、時代という時間と格闘しながら、新しい事実を次々と確立して歴史を形造っていったといえます。

この章では、江戸時代以降から現代までのいくつかの出来事を俎上に載せて、人対人のコミュニケーションについてみていきましょう。日本人のこころの在り方が歴史的事実として残り、それが当時のコミュニケーションの結晶として、現代人にも共感と喝采を受けているのです。

時代小説に最高のコミュニケーションの極意がある

（鬼平犯科帳と忠臣蔵にみるコミュニケーション）

1・鬼平犯科帳について

江戸時代後半（1770年代）天明・寛政時代の幕府直轄、火付け盗賊改方の物語です。池波正太郎の原作、火付け盗賊を取り締まる時代小説です。文庫版で第26巻、1967年から2020年の半世紀余りの発売で、3000万冊が売れたとのことです。

中古本の流通はそれ以上にあると思います。

私も新刊を26冊買い、古本屋で70冊余りを購入しています。50年余りの読書で、読後5年ほど経過すると不思議と再読したくなるから不思議です。その時に手元に本がないと、古本屋にまた行って購入します。それを繰り返すので、少なくとも7～8回ほどは読んでいると思います。

現代の薄っぺらなテレビドラマを観るより、鬼平犯科帳の再読が何よりの癒しの時間になるようです。

当時、天明時代というのは、天変地異が起こり飢饉が発生して大変な時代でした。世界的に見れば1783年アイスランドのラキ火山が大爆発し、地球の北半球がその噴煙で日照時間が減少し、作物が不作の時代でした。そんな時に日本では浅間山が大噴火を起こし、関東から北日本は大飢饉で大変な時代を迎え、飢えに苦しむ人々は江戸へ流民・無宿者として移動します。

当然、江戸の町は飢えた人々も増えますが、盗賊も増え夜盗・強盗の事件も多発したのです。

そんな江戸の町の治安を守るのが火付け盗賊改め役です。

主人公の長谷川平蔵の人間性もさることながら、与力・同心・奥方・息子・娘・密偵として活躍する元盗人たちや、鬼平（長谷川平蔵）を取り巻く昔の友人等々の盗人退治の活躍は、痛快時代劇そのもので、それこそ江戸コミュニケーション力の勝利といえます。

江戸八百八町の人々の安全を守る人々の活躍は、長谷川平蔵の下に彼らは活躍し、見事に盗賊を捕えます。

私がなぜ半生紀くらいの間に10回近く再読をしたのかといえば、時代小説の痛快性や勧善懲悪の物語性はいうまでもなく、平蔵のリーダーシップと彼を取り巻く人々のコミュニケーションの見事さだと思っています。物語の大半は奉行所の犯科帳からの事件をもとに、そこからヒントも得たものといわれています。

たとえば【葵《あおい》小僧】は、実際にあった物語です。講談社発行の『全日本史』よると、寛政3年（1791年）

9月21日江戸　押し込みや追剥が横行する江戸でも、極悪非道ぶりでひときわ名をはせた葵小僧、逮捕後10日ほどで、あえなく獄門となった事件です。

江戸っ子の心胆を寒からしめたこの強盗の遣《や》り口は、まことに大胆不敵。

自ら駕籠に乗り、手下の数人の若党には槍を持たせ、葵の紋の入った提灯をかかげたさまはちょっとした旗本のようでした。押し込み先は武家、町家を問わないため、武家は夜間、家来を外出させられず、町々では木戸を固く閉ざして一切の往来を断って警戒したようです。町方が必死の探索を開始したにもかかわらず、半月を過ぎても捕まらない。この葵小僧を捕まえたのが火付け改めとして有名な長谷川平蔵（47）というわけです。

日ごろから吟味（罪状を調《しら》べ糺《ただ》す）の速さで知られる平蔵でしたが、押し込み先での妻女への暴行の事実などが公になることを避けるため（恐れて？）処断を急いだようです。逮捕から数日で結審。3日程で幕閣の決済。10日経つか経たないうちに晒し首というしだいです。このようなスピード裁判は、この時代の裁判でも他に例をみないものだった、と書き残されています。（『全日本史』講談社より）

寛政2年（1790年）火付け盗賊改め役・長谷川平蔵は、石川島に人足寄せ場を設けて、無宿者や軽犯罪者に授産施設（心身障害等や就労に困っている方々のための保護施設）を、老中松平定信に建言《けんげん》します。

先のページでもいいましたが天明・寛政の飢饉で江戸に無宿者が溢れていた時代でした。

犯罪の取り締まりだけでなく、彼らに手に職を与える授産厚生施設を建言するという話もあり、舌を巻く人格者でもあったようです。

長谷川平蔵は人間性は個人としても、役人としても桁外れの高尚な人であったようでしたが、彼の若い時代は、やんちゃなところもあって、放蕩生活もしたという話もあるようです。そんな硬軟取り混ぜた人柄が、市井《しせい》の庶民の暮らしぶりを理解し、弱い人々の味方となって役人生活を送り、それが火付け盗賊改め役や無宿者などのための授産所や人足寄せ場などの建言を行ったことにつながっているようです。江戸の街で最高のコミュニケーションを発揮する男の中の男といえる歴史上の実在人物といえましょう。

2・忠臣蔵について

江戸時代には、もう一つの最高のコミュニケーションの物語があります。

それは「忠臣蔵」です。大石内蔵助《くらのすけ》を中心とした仇討ち物語で、藩主に対する「忠義という錦《にしき》の御旗《みはた》」の下での行動です。そしてまた、幕府権力に対する抵抗の意地を見せる、内蔵助というリーダーの下での意思の疎通が、見事な最高のコミュニケーションを読者に提示しています。

特に、大石内蔵助の部下への思いやりもそうですが、その遺族たちの後々までの生活のことまでを考えての配慮は、天下一品というか他者がなかなかまねのできない決断と実行です。まねができないというのは、「人間を愛する」という深い人間性の問題だと思います。私など凡人には到底まねのできない、部下に対する最良のコミュニケーションを持った人物といえます。

『最後の忠臣蔵』（池宮彰一郎著　角川文庫より）

内蔵助は、一拍の間、吉右衛門を瞶《みつ》めて後、奥田孫大夫に告げた。
「あとの細々《こまごま》した心得は、おぬしが説き聞かせてくれい。頼む」
吉右衛門は、そのあとの孫大夫の説話を、夢うつつにきいた。頼みにもならなかった浅野家御親戚に立寄らぬこと、立寄れば必ずや公儀を憚《はばか》り、殺されるか捕えられよう……。
それより、年月を経て、ほとぼりのさめた後、一統の者の家々を廻り、討入の仔《し》細《さい》を告げると共に、後々の暮し向きの相談に与《あずか》ること、その費《つい》えは大阪天満の天川屋に預けおいた金を使うこと……等々。

………………………………………………………………………

この小説の抜粋は、討ち入りが終わって泉岳寺へ向かう途中で休憩した所での場面です。足軽風情の寺坂吉右衛門に生き延びて、生き証人としての役割を果たせと初めて打ち明ける内蔵助です。

この江戸時代の「鬼平犯科帳」と「忠臣蔵」は、良きリーダーの下に人は集り、見事な組織を作り、共通目的を果たすために最高のコミュニケーションを作っています。良きリーダーの下に良きコミュニケーションが備わる典型的な例です。

日本史における最高のコミュニケーションのお手本

太平洋戦争が敗戦を迎えたのが１９４５年（昭和20年）です。

東京はじめ全国の大都市は空襲を受け焼け野原となり、国破れて山河ありの状態で、インフラをはじめ衣食住がままならず、７２００万人の国民が明日の保証のない生活が始まりました。

また、海外からの軍人や民間人の引揚者が1年半で約５００万人が帰国されたと記録されています。その他に未帰国者は２００万人ほど随時帰国され、日本の国土が食糧難の人々で溢れていました。

復興に必要なものは食料だけではありません。住むところや着るものも、医薬品や日用品等々の不足品で不安な毎日を過ごしていました。

占領軍（ＧＨＱ）施政とはいえ経済の民主化を行い、政府や国民も経済の復興を軌道に乗せるのに必死でした。汗まみれ泥まみれになり、食うものも満足に食えず、睡眠さえも抑えて働きました。復興という文字を国民一人一人が胸に刻み、老いも若きも日々働きました。

窮すれば通ずるではありませんが、食うものも満足にならない現状打開のために、国民一人一人が何をせねばならないかを切実に理解していたのです。

丁度そのころ、1950年に朝鮮戦争が勃発して、戦争特需が降ってわいたように日本の経済に活力を与えることになりました。これを機に東西冷戦が深刻化し、米国主導による日本経済が成長への道を歩き始めます。

米ソ冷戦で、銀行の完全解体や農地改革の徹底化等々民主化政策が中途半端になり、日本の経済が米国の主導で経済再建が急務となり、戦後復興が新しい段階に進みます。

この時点で日本は西側陣営に組みこまれ、そのためにも経済の復興が西側陣営に期待されることになるわけです。

経済はイケイケどんどんの好調で、国民の復興するぞという意識と持ち前の勤勉性で工業の発展がめざましく戦後復興の基礎をつくりました。

今になり振り返り見れば、いろんな出来事や事件がありましたが、1950年代の戦後復興という「錦の御旗」で経済の再建を全国民が一致団結して果たしたことが、日本史における日本国の最大のコミュニケーションだったといえましょう。

人々は「阿吽《あうん》の呼吸」で、お互いが寄り添い助け合いで働き、復興という目標に向かって頑張り通したのです。

そんなときこそ寄り添い、助け合うことが最上のコミュニケーションといえるのです。

同じ「錦の御旗」でも「欲しがりません、勝つまでは」という戦時中の有名な標語があります。戦時中に新聞社と大政翼賛会が募集した標語ですが、国運がかかっている経済再建と戦争とは大違いです。

経済再建は平和な行動で前向きですので、日本史における最大のコミュニケーションといえます。戦争という黒い影を思い出すと、日本史における最大のコミュニケーションであっても純粋な個人の想いからというわけにはいきません。

また、コミュニケーションとは戦争という不幸な行為には使えません。

コミュニケーションとは、人間同士の心のつながりから発している言葉ではないでしょうか。コミュニケーションとは心の問題であるだけに、戦争とか殺人とか不幸な場面では使うことができない言葉のように思えます。

1960年代には東京オリンピックと大阪万国博覧会が開催され、戦後復興とか敗戦とかの言葉が使われなくなります。「戦後は終わった」という思いが、国民の胸に定着するようになったと思います。

この頃から高度経済成長とか重化学工業の躍進、貿易立国などの明るい国造りの時代に入って行きます。そして、1960年～1980年が高度経済成長を果たし、高速道路や新幹線網が日本経済のバックボーンとして脚光を浴びるわけです。

1945年～1990年の約半世紀、「阿吽の呼吸」ではありませんが、それに近い意識で、国民が経済成長のために一心不乱になって目標に突き進んでいきました。国民が戦争で300万人という尊い命を犠牲にされた人々のことを思えば、大きな声でいうことが憚《はばか》れますが、敗戦ということで国民がこころを一つにして働いたことが、戦勝国米国の経済を脅かすような経済大国になったといえるのです。1980年代のプラザ合意はそれを物語っています。個々に観れば負の遺産もありましたが、大局的に観《み》れば日本国という組織が、復興という目標に向かって良きコミュニケーションのもと、経済大国にのし上がったということです。それは日本の歴史の中で、最大最高最強のコミュニケーションを発揮した、といえるのではないでしょうか。

歴史はコミュニケーションで動いている
――台湾有事と熊本半導体から見えてくるモノ

世界の半導体生産を誇る台湾積体電路製造（ＴＳＭＣ）は、強力な在日米軍と自衛隊が居る日本に工場誘致してもよいとの見解を示し、熊本に工場建設を決断し、今年にも完成し稼働するとのことです。総投資額は１兆数千億になり日本政府も８５００億円の補助をするとのことです。

国内での半導体供給が可能になれば、新しい分野の産業も開発可能となり、日本国内の構造改革も急速に高まるものと期待されています。

万が一、台湾有事があったとして台湾に工場があれば大きなリスクとなります。それよりも日本に工場を造れば台湾よりもリスクは小さく、在日米軍や自衛隊が守ってくれるという安心感もあります。ＴＭＳＣはすでに米国にも半導体工場を建設し稼動体制が来ています。また、韓国のサムスン電子も横浜に半導体研究開発拠点を設けるとの情報もあり、日米韓台の対中包囲網を思わせる、そんな動きが日本で活発になっています。

一見軍事工作の観が否めませんがそうではありません。もちろん軍事同盟という前提がありますが、世界の半導体のイニシアチブを席巻するビジネスライクの戦いです。半導体を制する者は世界のビジネスを制することになるのが今の時代です。

そんな謳《うた》い文句ではありませんが、4カ国は結束して半導体の生産に一致協力体制を作っているようです。同盟国の賢い人たちの知恵が生んだものでしょう。

このような国の動きは、まさに4カ国の共通目的としてのコミュニケーションの勝利と思えます。

単なるビジネスの勝利でなく、お互いは寄り添い助け合い情報を交換した結果がもたらしたものです。その結果が世界の半導体産業を有利に導き、4カ国がそれぞれ国内産業の底上げができると喜んでいるとのことです。

良好な共通目的としてのコミュニケーションは有望なビジネスを生むという典型的な事例といえます。

今朝の経済新聞のトップに（2024年2月7日）

TSMC、熊本に第2工場

2・9兆円投資　トヨタ2％出資

2027年度稼働へ　先端半導体量産

先回の記事を見ますとソニーグループが出資するとなっています。台湾のＴＳＭＣは大口ユーザーとしてそれぞれソニーグループとトヨタ自動車を選んでの工場建設です。第1期、第2期を合わせて6兆円に迫る投資ですが、台湾有事と大口ユーザーとのリスクと将来性を計算しながらの建設なのです。日本政府も合計して1兆2千億円になる援助計画になると思いますが、その昔の半導体王国の失地回復を見込んでの投資です。

日本の半導体は１９８８年に半導体のシェアで5割を占め世界一の実力を誇っていました。それが今や世界シェアは1割に低下し、米国や台湾、韓国の後塵を拝するようになり一敗地にまみれたのが、頭脳役を担うロジック半導体でありました。

2月24日の熊本工場開所式ではＴＳＭＣ創業者のモリス・チャンこと張《ちょう》忠《ちゅう》謀《ぼう》氏は「日本や世界の半導体供給網をさらに強靭にする」と語っておられました。

ＴＳＭＣの熊本工場は国が描く半導体・デジタル産業戦略の第一段階の始まりを告げます。まず、ＴＳＭＣの誘致を契機に半導体の製造基盤を強固にし、そのうえで先端半導体を用いたデジタル機器・サービスを強化し、産業界のデジタルトランスフォメーション（ＤＸ）を促します。

ＴＳＭＣに触発され、台湾の競合企業も日本進出に動きました。力晶積成電子製造（ＰＳＭＣ）も宮城県で８０００億円を投じて２０２７年から40ナノや55ナノ品を量産します。ＴＳＭＣが日本で手掛けない汎用品を量産し、国内の生産基盤が厚みを増します。２０２０年から２０２２年までに国内半導体工場への投資額は、累計９兆円に上り、英調査会社オムディアは国内半導体の生産能力（12インチ換算）が、２０２８年に月産２２６万枚と２０２３年比で約３割増えると試算しています。

日本は経済安全保障の観点から、半導体産業の復活がかつてなく重要となったので、経産省は２０２１～２０２４年までに４兆円の予算を確保し支援するとのことです。中国の半導体成熟品が高まりつつありますので、それを抑えるための日本の工場に力を入れる構想が、九州工場の建設であり日台協力の本音かもしれません。

経済の安全保障といえども、国家間の共通目的としてのコミュニケーションがあるからこそ数兆円規模の工場開発が実現できるのです。それらは共通目的としてのコミュニケーションが歴史を造る典型的な例といえます。

日本人はいつからコミュニケーション下手になったのか

「日本ＧＤＰ４位転落」「56年ぶり独下回る」２月16日毎日新聞朝刊一面トップ記事です。内閣府が15日に発表した名目国内総生産（ＧＤＰ）の速報値です。２０２６年にはインドが日本を抜くという予測もしています。

産業の構造改革をしない限《かぎ》り、国内総生産の長期的上昇は見込めないといわれています。半導体産業をはじめとした新産業のスタートアップ、物価高に負けない賃上げ、それに伴う消費の拡大策、外国人労働者や女子や高齢者対策も含めた、各種労働条件の是正等々の政策や、それらの実行対策が要求されています。

また一方で、行政や企業などでのデジタル化が必須といわれています。先のコロナ禍でも証明されましたが、在宅勤務や社内会議の開催などでのリモートによる実行が大きな課題となって残っています。デジタル化はＯＥＣＤの統計でもかなりの後進性で、日本の労働生産性に大きな支障があると指摘されています。

政府はデジタル庁を設けて、官庁や民間企業、国民の生活も含めたデジタル化を進めています。行政のオンライン化は順調に推移しており、東京での印鑑証明や住民票などはコンビニでも可能となり、以前と比べると隔世の感の面持ちです。マイナンバーカードの切り替え問題、運転免許証の書き換え、出勤簿の証明等々全国津々浦々のデジタル化はこれから大きな課題を残しています。

新しい産業構造での経済成長を行うためのステージ作りは、待った無しの喫緊《きっきん》の課題です。前述のように、今こそ国民はこのステージを活かすための、共通目的としての「コミュニケーション」をつくらなければなりません。国民もそうですが、行政や企業の当事者は、GDPが上昇するために具体的な目標を掲げることです。具体的な目標ができれば後は、共通目的としての軸となるコミュニケーションの問題です。

政治活動を見ていても、閣議や国会で吠えるだけではだめです。新聞やテレビで流すだけでもダメです。政府は広く国民から意見を取り入れ、その人たちに具体的な提案をしてもらってください。提案者は、清水の舞台から飛び降りるくらいの勇気をもって提案をする意気込みが肝要です。ステージに立って、いわゆるスタートアップ企業として立ち上げるようでなければ日本の将来はみえてこないのではないでしょうか。

もう少し企業のコミュニケーション力についてお話ししましょう。

最初に掲げることはスタートアップ事業を起こし、新産業の企業を増やすことです。現産業の延長でなく、全く新しい分野の産業です。例えば、スパコンと量子コンピュータをつないでのデータセンターの設立やその有料貸し出し。国有地の使用許可で酪農、レジャーランド、健康ランド、スポーツランド、ホテル業等々の全国規模でのコミュニティランドの設立等々。小さな企業でも、多くの方から提案してもらい、それらを集約して一大企業集団にすることが大切なように思います。

また、全国のインフラをメンテナンスする事業を再構築することです。民間の企業や小さな自治体などが予算や人材の面で、インフラのメンテナンスが放置されています。放置したままだと大きな事故が必ず起きます。

特に、橋梁やトンネルや水道管が対象になります。まず、国の補助金で事業を一本化してメンテナンス企業を立ち上げ、民間や中小自治体がクライアントとなれば大きな成長が見込まれます。スタートアップ事業として実現可能性が大きく、優良企業が期待できるのではないでしょうか。

さらに視点を変えて日本のこれからに転じてみましょう。30年以上も続いたＧＤＰの停滞を、どうしたら成長ゾーンに誘導できるか、いま大きな宿題を政府が抱えています。前記に掲げましたが業務効率のためのデジタル化の促進、スタートアップ企業の育成、物価高を吸収するための、新賃金のベースアップや消費の活性化等々が迫られています。

それらはどれもGDPが浮揚することを前提にした動きです。それ故にその前提を確実にするためには、国内景気の浮揚《ふよう》とそのための国内投資の活性化が求められています。

政府は景気と賃金上昇を見込んで、そのための投資制度を発足させました。

新NISAと呼ぶ少額投資非課税制度です。人生100年時代を見越して、1カ月1万円からの積立制度が若者に人気があります。半導体関連の好調株を中心に若者に人気が出ているようです。

ステージが出来れば、次は共通目的としてのコミュニケーションをつくることです。スタートアップ事業の共通の目的を明確にしながら、日本で経験のない業績をいかに伸ばすかの問題です。そのための共通目的としてのコミュニケーション作りが必要です。人対人、会社対会社、国対国、すべてカナメはコミュニケーションです。

3月に入り株価も4万円を突き破り、日本経済の先行きは、少しばかりですが明るいものとなってきました。日銀もマイナス金利政策を解除して有利子政策を行い、時間をかけて正常な方向へと歩むとのことです。

最近の日経新聞に「夢を語り始めた経営者」と題して特集がありました。

脱・縮小経営、攻めへ新たな価値はと題して、5回の連載記事です。

「企業は国富の源泉」「汗をかく仕事　もっと面白く」「経営者の執念　成長力に」「内向きの若者に世界を」「技術を極め紛争に終止符を」等々。

今までは足元を見る経営でしたが、先を見極める経営姿勢が強調されています。

「山高ければ谷深し、谷深ければ山高し」ではありませんが、来年（2025年）の今頃は、やる気のある人なら高い山が見え始める、そんなステージを期待したいものです。

あのバブル期から失われた30年が最悪のコミュニケーション

1990年代バブルが弾けた年から2020年の30年間を指します。

表向きは米国の貿易不振を助けるため、1985年のプラザ合意を経て通貨の変動がなされました。1ドル240円から150円に平価切上げに、国内の消費がもてはやされました。

しかしながらその後円高不況が襲い、トヨタやソニーでも輸出不振で大変な時代を迎え、１９９０年バブルが弾け失われた10年に入り、その延長上で失われた30年になります。

プラザ合意（過度のドル高を問題視して、ニューヨークのプラザホテルでひらかれたＧ５〈先進5カ国〉の合意会議）は、我々の仲間では米国の陰謀説が当たり前になっていて、自民党本部に抗議に出かけたり、アメリカ大使館に抗議文を出した人もいました。プラザ合意以前は、貿易に力を入れる日本の企業が多く存在していました。

プラザ合意後、輸出が採算取れないとして海外に生産拠点を移す日本企業が多くなりました。いわゆる「産業の空洞化」です。この時から貸出金利と預金の差が採算に合わなくなるという、日本の地域金融機関にも影響が出て、地方銀行の存続問題に発展し、統廃合が始まります。今から35年前の話です。

この時代に小泉内閣が誕生して天下の悪法とカゲ口たたかれる――労働者派遣法」が制定され、少ない仕事をお互いが分け合うというワーキングシェアリングがもてはやされ、派遣による非正規社員が急増され、大きな社会問題を抱えるようになります。

バブル崩壊後、金融機関の倒産や貸し渋りが始まり、日本は恐慌までとは行きませんが、経済の停滞へと拍車をかけます。各企業は金融節減に翻弄され、新規業務どころかコスト削減にあの手この手と躍起になります。

そんな一例として、業務の系列化が増加し、元請け会社が業務を直接しないで子会社に発注し、子会社が更に下請け会社に発注するという業務形態が主流になりました。トンネル会社を作り「濡れ手で粟《あわ》」方式をして、社会保険の負担回避などが、この頃から当たり前のビジネス社会になったようです。

さらに、人件費の安い海外の工場移転が始まります。経費節減の本命として、大企業は草木も靡《なび》くように海外ラッシュが続きます。安い人件費は良いとしても、長期的展望まで剝奪《はくだつ》するような、技術移転や若者の国内育成の芽まで摘《つ》んでしまいます。

不動産価格の急落で、銀行の貸し渋りが始まり、当時は会社経営していた私の身辺に、影響を受けた企業主が数多くおりました。新宿の都心部にビルを新築した企業主が、担保評価の急落で月々の支払いに苦慮するのを目のあたりにして、バブル崩壊の爪痕の怖さを思い知りました。また、ゴルフ場の会員権の急落で会員権を手放す人も多数おられました。2000万円クラスのゴルフ会員権が1割程度で売買されるのを見て唖然とした思いが今も記憶にあります。

天が下した失われた30年といいますが、目先のコストに心が奪われたその結果が、ビジョンのない成長なき30年となった次第です。言葉を換えれば、経済の俯瞰的視野(全体を観る)と長期的展望(ビジョン)に欠けた結果といえます。

目先のコストとは、足元だけを見ることです。世界や日本という大きな単位での見方が出来ていないので、従ってビジョンや長期展望も少なかったといえます。

そのことは言葉を換えれば、そのための政・官・財・労・学の経済成長に影響を与える人々による指導やコミュニケーションが不足していたといえます。

さらに、彼らの言動を見守るマスコミの不甲斐なさもあります。

ということで、失われた日本国の30年間こそ、共通目的としてのコミュニケーションの少ない時代だったとあらためてひとりひとりが再認識して、失敗を繰り返さない気概を持つことです。

第3章

組織には、必ず「コミュニケーション」の見えざる力がいる

この章では、一般的な社会通念の「コミュニケーション」と一線を画して、20世紀の中頃よりの世界の覇者・米国のど真ん中で近代経営管理論として、コミュニケーションが絶対必須の要素としてどのように生かされていたかを明かしましょう。

これからの現代日本が抜きんでるために、米国経済活動に不可欠とされたコミュニケーションに秘められた偉大な力の本質に気づき、それを十分生かしてほしいのです。

「手をつないで一緒にゴール」のただ仲が良いだけの組織づくりで、パワーと真逆に思い込んでる人たちにコミュニケーションの力を何倍にも変える核心を伝えておきたいのです。

人間関係〈組織〉には必ず『組織の3要素』が必要なのだ

バーナードは　①共通の目的（目標）　②コミュニケーションの増幅力　③（心をつなぐ）協働意欲が不可欠ファクターといっています。

それらの組織の三要素の一つにコミュニケーションがあり、経営を行うのに共通目的としてのコミュニケーションが絶対不可欠とした考え（理論）です。

たとえば、商売（営利企業）で成功をおさめたいという同じ目的意識を共有し働く場合を考えてみましょう。

目的意識を共有するには、企業（会社のトップ）と働く人達が同じ目標を持ちます。

それは、当然お金儲け（企業利益）です。

そのためには、お互いにコミュニケーションが必要です。

同じ目的を達成するには、コミュニケーションを密にとり、効率の良い作業が必要となります。コミュニケーションがばらばらであれば倍々力にならず効率が悪く、同じ目標が達成できなくなります。それは本当の意味の営利企業でないということになります。

営利企業は利益を残すために無駄を排除することです。ムダとは何ですか？

たとえば、余計な心配や情報の誤解などです。昔、京セラの創業者、稲森和夫さんは、大企業になっても常に車座でよく話し合うのが大事、と言っていました。この「車座」こそコミュニケーションをよくする場なのです。分け隔てのない生身の心の通い合いがあるからです。

どんな無駄をどのようにして排除するか、ざっくばらんに話し合いで決めます。

いわゆる、企業側と働く側のコミュニケーションが要求されます。

その上で働く人のベースアップ、それを吸収するだけの高い売り上げとその収益改善、新しい製品の開発と販売方法の開発等々……。なんでも風通しよく解決していけばいいのです。

それらを達成するためには、社内の貢献意欲とそれを達成するための動機づけが必要となります。要するに「やる気」と、誤解を畏れずにいえば本心からの「錦の御旗」といえばいいでしょうか。

所詮《しょせん》組織は人間の集合体です。

そのためには人間同士のつながり、話し合いである共通目的としてのコミュニケーションが最重要となってきます。

コミュニケーションは企業利益の要なのです。

コミュニケーションの絶対理論『バーナード理論』はどこで生まれたか

バーナード理論創始者：チェスター・I・バーナード

1886年～1961年
米国マサチューセッツ州モールデン生まれ。

米国の実業家。経営学者。

ニュージャージ州ベル電話会社初代社長。

近代的組織理論の創始者で組織均衡論が著名。

ハーバード大学で経済学を専攻し、3年で中退。

1909年アメリカ電話電信会社（AT&T）に入社。1922年に副社長補佐兼総支配人。1926年に副社長。41歳で傘下のニュージャージ州ベル電話会社初代社長に。

経営者としてその経験を活かし、優れた組織論を著した。主な著書に『経営者の役割』（チェスター・I・バーナード（著）、山本安次郎・田杉競・飯野春樹（翻訳）

ダイヤモンド社　1956年刊）

「かつて職業経営者のあらわした組織や経営についての著書のうち、最も考えさせずにおかない本」——序文を記したケネス・R・アンドリュウス。

バーナードは経営者でありながら社会学を探求し、組織と経営管理に生かし、体系化した優れた理論を展開した古典的名著。ほかに『経営者の哲学』（チェスター・I・バーナード著　W・B・ウォルフ・飯野春樹編：飯野春樹監訳　日本バーナード協会訳　文眞堂　1987年刊）がある。

ニュージャージーの北米を支配していたベル電話会社の傘下の社長であったチェスター・I・バーナードは、電気通信に係る世界を独占するほどの大企業にいて、経営に関する瞠目の理論をまとめました。その研究の成果で、ハーバードビジネススクールのドナム学部長を介していくつかの講演をハーバード大学出版会で発刊することになったのが有名な経営者のバイブル的著書『経営者の役割』（チェスター・I・バーナード（著）、山本安次郎・田杉競・飯野春樹（翻訳）ダイヤモンド社　1968年〈初1956年〉刊）です。

第一次世界大戦後の戦勝国アメリカ経済は1920年代に工業中心に飛躍し、企業の発展も大きく、それに伴い企業経営の高度なノウハウが要求されるようになりました。その源流をつくったといってもいいでしょう。

１９２９年から始まった株価の大暴落から世界大恐慌が始まります。第一次世界大戦の戦勝国アメリカが世界の経済を担っていました。ヨーロッパやアメリカの景気拡大の反動もあり、本格的な経済の大恐慌時代の到来で、倒産企業が増える時代に突入します。

成長企業が一転して、倒産の憂き目を見る時代がやってきたのです。景気の好・不況における経営の波を克服する管理手法が登場するのです。

要するに、津波のように押しよせ競争経済の中、いろいろな問題も生まれ、景気調整の必要性がアメリカ経済社会に要求されるようになってきました。

そこにバーナードあ新しい考え方を打ち出したのです。バーナードによる『経営者の役割』と題して講演が始まり、１９３８年その講演の経営理論がハーバード大学からの出版となります。

『経営者の役割』（前掲）というかたちで世にデビューとなり現在に至ります。

いわば経営学の古典の一つともいわれています。

経営を組織論から見た企業経営管理手法で、今読んでも学ぶべきものが多い著書です。

この本が出版された年、次々と経済学のヒーローたちが登場します。現代の鉄人といわれたドラッカー博士は、英国のケンブリッジ大学で近代経済学の父と呼ばれるケインズ博士の講座に聴講していたという話ですが、新経済学草創期ですね。

1960年代、日本にもいくつかの石油コンビナートが誕生し、新しい重化学工業が始まります。いわゆる戦後の高度経済成長の始まりで、全産業にくまなく成長発展する経済社会です。

全国の各大学に新しい経営管理理論の講座が開設されます。

近代経営管理理論として、日本でも学生に人気が集中する講座になっていき、新経営学はみるみる注目の的になります。

このころから各大学では、経営学部の新設がラッシュを迎えます。

また世界的にも1950年代、アメリカでドラッカー博士が「マネジメントの父」とも呼ばれ、人類初めての経営のマネジメントを体系化した学者として、アメリカだけでなく世界にドラッカー経営学を広めました。

彼の経営学は「社会を正しく機能させるための人間の取り組み」ともいわれ、「企業経営をマネジメントによって永続すること」といえるでしょう。もちろん経営を組織面から見た管理手法ともいえます。常に企業の社会性を訴えている点に注目したいところです。

20世紀に入る前後の頃、テイラーの科学的管理手法が持てはやされましたが、「人間を機械的に扱いすぎる」と、社会的反発が強くあらわれ、米国社会から大きな批判を受けて不人気になっていきました。

さて、次に新経営学の中身を具体的に見てみましょう。

バーナードの組織論の核心1『まず共通目的を掴め』

営利企業でいえば社是や経営理念、経営目標、経営管理目標をいいます。

「企業の目的は何か」では次のテーマが上げられています。

黒字決算　内部留保の蓄積　株主配当　従業員に給与等の支払い

福利厚生の待遇　社会参加　社会的寄付行為　売り上げ増大
新規開発での自社製品の推進等々

「従業員の目的は何か」では、今も共通する要素がありますね。
　毎年のベースアップ　ボーナス支給　福利厚生の充実
　業務推進と新規製品の開発並びに営業活動等々のやりがいのある職場

企業と従業員の間で共通した目的が多々ありますが、基本的には内容の程度がそれぞれ異なるわけです。

例えば、給与やベースアップはそれぞれの立場で数字が異なります。

また、新規開発でも何をどの程度まで行うのか、そのへんのところが会社側と従業員側で異なるのは当然といえるでしょう。

そう考えると、社内が共通の目的として統一できることはかなり困難とも思えます。その困難を乗り越えるところに経営の手腕が問われるのです。

それが、バーナードの経営管理の神髄といえます。

少し視野を広げてみてみると、営利企業以外では、国家や自治体や非営利活動法人の場合とか、また大小さまざまなサークル活動等々になれば無数の組織があるでしょうが、バーナード理論によればそれらのすべての組織に3原則、『コミュニケーション』、「貢献」してるという意欲、「共通の目的」の3つが当てはまるということになります。

バーナードの組織論の核心2『意思の伝達』

いわゆる「意思の伝達」をいかに上手くするか、それがコミュニケーション力です。

組織は誰のためでもありません。
人間が作り、
人間が運営するもので、
人間のために存在するものです。

そのためにはそこに関係する人々の意思の疎通が何より大切です。

組織の目標を達成するために人と人をつなぐ意思の疎通が必要不可欠です。

意思の疎通として、同時に共通目的としてのコミュニケーションが必要なのです。

そこに参加する人々の思いがコミュニケーションとなるのです。

頭の中に誰しも持っている、自己実現や打算や喜怒哀楽となって現れるのがコミュニケーションです。

人間は高度な感性を持った存在であり、自己実現や打算や喜怒哀楽などが微妙に影響するのが「共通目的としてのコミュニケーション」なのです。

そこにコミュニケーションの素晴らしさと難しさが混在します。

たとえばそれを会社の組織に置き換えてみましょう。

同僚や上司との意思疎通がきちんと取れていなければ、組織全体が非効率でバラバラになってしまいます。

その結果、会社の収益や存続に大きく関わってくるのが現実です。

すなわち、長期的には会社の発展や倒産にも影響するのです。

また、それは組織が成立するための3要素の一つで、会社の目標や動機づけなどの他の組織の要素と関連しながら存在する重要不可欠なものです。

組織が単独での一人歩きや突出したりした場合は、偏った組織になり、存続が危ぶまれます。

他の組織の要素（共通の目的や動機付け）との一定の均衡が必要となるのです。

振り返ってみれば、太平洋戦争が終了してから45年間、日本の国が復興という国民全体の目標を持ち、１９８０年代には米国をも追い越す経済成長となり，その目標を達成したといえます。しかしその先は、１９９０年代にその成果がバブルとなって経済が崩壊し、それから30年以上も立ち直れません。

いわゆる、失われた30年です。


この現象は諸々な原因が介在しますが、一番大きいのは国民同士の共通目的としてのコミュニケーションが十分にとれてなかったことが原因だと考えています。国民一人一人や個々の各企業や、そして国家までが目先のコスト計算にとらわれていたのでしょうか。経済再生という中・長期的国家の目標達成のための、意思の疎通という共通目的としてのコミュニケーションがとれてなかったということです。

国民の誰しもが、太平洋戦争でみじめな大敗を経験し、国土が荒れ果て明日の食べるものさえない経験をした終戦でした。そこから立ち直るための戦後復興という「錦の御旗」があったので、国民相互の意思の疎通（コミュニケーション）が存在したのです。汗水たらし歯を食いしばり、働かなければならないという戦後の復興のエネルギーは、以心伝心で国民相互のこころと肉体が良好なコミュニケーションを作ったのです。

つい十数年前を振り返って見てください。バブルが崩壊してから、20年過ぎても経済再生という目標に向かって、それなりのアクションを起こすことができなかったということです。

目を転じれば、１９９０年代、欧米諸国は、ＩＴ化で新しい産業構造をスタートさせ、旧来の重化学工業から脱皮を図りました。ＧＡＦＡ（グーグル・アップル・フェイスブック・アマゾン）などの巨大企業が誕生して、半導体や流通などの新しい産業が世界の経済をリードするようになっています。

以上の現象を日本という組織で見るならば、新しい視野に立った目的と国内の共通目的としてのコミュニケーションが育たなかった結果が現在に至っているといえます。それが失われた30年です。

失われた30年。確かに国論を統一する政治家が悪かったのでしょう。しかしそれを選んだのが国民であり、官僚も労組幹部も経営者も学者も……。結局、国民すべてのせいなのです。

そこをわきまえる国民でなければ、30年の労（つかれ）が無駄になるのです。

バーナードの組織論の核心3『協働意欲（モチベーション）』の心の通わせ方

協働意欲というチームの心の通わせ方です。

組織の三要素の最後になりますが、「貢献する意欲」ともいわれています。

組織の一員がその組織に貢献したいと思うモチベーションのことです。

これは組織全体に対する貢献だけでなく、チームや仲間に対する貢献も意味します。

組織のメンバー同士が一緒に働き、互いに助け合いながら組織に貢献したいという意欲でもあります。

貢献意欲は共同意欲ともいい換えることもできます。

一つの組織が組織として確実に機能し、高い成果を出していくためには、この貢献意欲が非常に重要なのです。

この貢献意欲が欠けていれば、やがて組織は埋没するといっても過言ではないといえます。

バーナードの組織論の核心4『組織の有効性』は結果に現れる

有効性とは組織の目的を達成する能力や度合いをいいます。

組織は共通目的があることで成立していますので、目的が達成できない時や目的が達成してしまったときは、組織が存続する意味もなくなります。

従って、組織は絶えず共通目的を持つことが必要なのです。その達成度合いに現れるかどうかが、組織の有効性といえます。

バーナードの組織論の核心5『組織の貢献理論』――人を動かす絶大な力

繰り返すようですが、バーナードはこの三要素が、組織の成立に必要なものであることから、この組織の三つの要素がうまく維持できるように、組織内と組織の外部の状況との関係を調整し、バランスをとらなければならないと述べています。

そのことを有効性と能率ということで説明していきましょう。

組織の三要素を保つために、組織の状況に応じてバランスをとることが肝要です。

要するに、偏った三要素にならないようにと強調されています。

組織を維持するために栄養分が必要になるのです。

それを「貢献」と呼びます。会社でいえば、従業員への給与などの金銭的な誘因だけでなく、地位ややりがいといった非金銭的な誘因も含まれています。

たとえば、給与が少ない能率の低い会社は、金銭的な誘因が低いために、従業員の士気が下がったり、退職者も出たりする可能性が高く、会社の本業に悪い影響を与えることにもつながります。

そのために栄養分としてそこで経営者は、給与を高くしたり、やりがいを与えたりして従業員の士気を上げたりする必要があります。

しかし栄養分として、従業員の給与を高くするのが良いかといえば、そんな単純なわけにはいきません。給与を高くし過ぎた結果、会社が赤字になってしまえば、投資家が出資をしてくれなくなって、銀行が融資をしなくなってしまいます。

そこで、従業員の給与を上げる代わりに非金銭的な誘因を増したりすることなどの工夫が求められるのです。

端的にいえば、一見軽く見られがちな会社の年中行事……社内運動会、忘年会、新年会の開催、観劇会等々の福利厚生の充実が実は大事なのです。それらを実行することにより社員の風通しがよくなり、コミュニケーションが充実するバックアップになるのです。

最近の傾向として、社員研修と称してスキルアップ研修を行い、その結果としての昇給昇格などを行う制度の構築もいい結果を生んでいます。

また、働き方改革で残業の撤廃や在宅勤務ワークの推奨等々を行い、新しい有効性や能率を求めて貢献や誘因を行うことに、もっと注視すべきです。

そしてこのような有効性、能率、誘因と貢献のバランス等をどのようにするか。すなわち、組織の均衡を図ることは、経営者の重要な役割となり、当然の責務であり永遠の課題でもあります。

「権威」は組織をつなぐコミュニケーションが生み出すもの

経営におけるルールを遵守しようとする時、そのルールには権威があるものとされています。

人は公的に行動する時に権威が生じます。すみやかに組織をつなぐ「伝達の公的性格」。言い換えればお互いの理解し合える空間を確立するためには、伝達についての時間、場所、承認等が重要視されます。

上位の職位から送られた伝達が、その職位にふさわしい優れたものであれば、人々は権威を認めます。従って権威とは、形式的な肩書ではなく周囲の人々から認められたものを指します。

バーナード理論から今の日本が学ぶべきこと

１９６０年代で日本の鉄鋼、造船、電機、自動車、繊維工業も石油コンビナート中心の重化学工業に衣替えになり、オリンピックの開催や大阪万博なども開催され、戦後という言葉がかき消された時代を迎えるようになりました。いわゆる高度経済成長の時代です。

日本企業は世界を相手にビジネスを展開し、それに即応できる業務体制を迫られます。そんな中での経営管理が高度なものが要求され、米国からの新しい経営管理手法が輸入され、その中の一つであるバーナード理論が日本に定着しました。１９６０年代もそうですが、今も必要に迫られているのが組織を中心とした経営管理です。そんな環境のもとでこそバーナード理論が学生の人気を得るのです。

バーナード理論は組織論を中心にした経営管理理論です。

組織の本質を究明して、その中でのシステム管理理論を展開する、効率の良い経営形態とその手法を求める理論です。

この理論が生まれたころのアメリカを見てみましょう。第一次世界大戦後の米国経済は、好況とその反動を受けての好・不況が繰り返します。その好・不況の波を小さくするためにバーナードは研究し、講演を行い、その講演の内容をまとめてハーバード大学から「経営者の役割」という本を出版し、社会の安定に寄与したのです。

20世紀の前半に起きた二度に渡る世界大戦で、米国は世界の経済を担いますが、戦争経済に引っ張られるように、造船や自動車や機械工業を中心に発展します。

その過程で、20世紀で最も偉大なマネジメントと一時的に評された、フレデリック・テイラーによる経営の科学的管理法があります。

労働者を単なる作業労働者とみなし、労働者を効率を優先する機械的な作業のみに参加させ、作業の計画化から排除する管理法でした。

この科学的管理法にやや問題があるのは経営者優位であり、労働者をないがしろにして、現場作業にトラブルを起こしやすくリスクの高い労務管理と言えるからです。

『人こそ最大の経営資産なり』

人こそ最大の経営資産なり、です。

第二次世界大戦が終わるころ米国で台頭してきたのは、後に哲学の父ともいわれたピーター・F・ドラッカーです。彼は米国のプラグマティズム（実用主義）と民主主義を、前面に出してきたマネジメント王ともいわれた人物で、日本にもなじみの深い人です。

経営も人生も同じであり、人こそ最大の資産であると常々主張するヒューマリティは、一見魅力的です。

経営は社会の公器で、経営者も労働者も経営に参画して当然といわしめました。

20世紀の米国の産業界をマネジメントしてきた二人の間に、バーナードがいます。

彼は両者のように主義主張より、経営の社会性を強調し、景気の好・不調の是正からマネジメントを唱えました。ここで見落とせないのは経営学者より社会学者的な存在として光輝いているように見受けられることです。

彼の主張は、組織とは3要素があり、その一つでも欠ければ組織が存続しなくなり、それは組織でないと定義づけています。

特に、無駄の排除や企業の利益向上のために、共通目的としてのコミュニケーションの大切さを強調します。共通の目的や協働意欲と共に米国プラグマティズムの神髄が取り入れてあります。さらに、組織の効率をよくするために、誘因と貢献の理論や権威の概念を強調します。

組織は目に見えるようでその実態は見えない無形のものです。それを組織の三要素として定義づけ、そこから経営管理理論を導くところは、当時としては最高の素晴らしい経営者であり学者であったといえます。

その中での共通目的としてのコミュニケーションは、切っても切れない重要な機能を果たしているのです。家庭や学校、政治や企業などあらゆるところに組織は存在し、組織のある所には必ず共通目的としてのコミュニケーションが存在するのです。いま、この考え方を頭において、社会もファミリーも企業もみてみると、見方が変わり、必ずあなたにとって有益な結果をもたらすでしょう。

第4章

コミュニケーション力を磨く！
その効果の検証

―「手書き」と「タイピング」ではこれだけ差がつく―

「コミュニケーション力をつけましょう」といわれても、おつき合いは大切でしょうけれど、だからといって日本経済の行く末にまで関係する大げさなことじゃないと思われるでしょう。

その上「手で書くことが大切ですよ」といわれても、「経営学の話から、ペン字の本ではないのに、どうしてそれが関係あるの？」と思われるのも当然かと思います。日本の企業で働く人々にとって「失われた30年をとり戻そう」という提言とはまったくかけ離れたことをいっていると思われるのはもっともでしょう。しかしもう少しおつき合いくださ い。「コミュニケーション」と「手で書いて考えを伝える習慣」の必要性をぜひ理解してほしいのです。

この章ではコミュニケーションを磨く「手書きトレーニング」についてお話しましょう。

特に、人が実際に書く「手書き文章」とパソコンやスマホなどの機械の助けを借りて打つ「タイピング文章」のそれぞれの特徴の比較について、［寺田・保崎（２０１８）］の調査「手で書くこと、手書き文字に対する認識に関する——調査」についての結果を紹介しましょう。デジタル時代に敬遠されがちな手書き手法をもう少し見直してもいいようです。

この調査の冒頭に「タイプすることが増えたデジタル社会において、手で文字を書くこと、また、手書き文字がどのように認識されているか明らかにするもので、（中略）デジタルネイティブ世代に調査を行ったとしている。」とあります。

ちなみに、「手で書くこと」を実践していくと脳も活性化され、発想力や独創力が生まれてくるといわれています。東北大学の川島隆太教授は、「自分の頭で考えて手書きすると認知症予防になり、脳の活性につながる」と語っています。

経済の成長、発展の中で見落とされてきたコミュニケーション力

時代の進歩と共に、コミュニケーション能力も成長すると思っていましたが、実はそうとはかぎらないようです。今世紀に入ってＩＴ化が進みネット社会もＰＣ、スマホ、ライン等々が世界中に拡がり、それらを使って個人でも気楽に安価に活発なコミュニケーションが取れる時代になってきました。

しかしながら、バブルが弾けてから現在に至るまでの30年余りは、よく「失われた30年」

と揶揄されますが、日本の経済界は低迷し続けているように思います。今の日本の企業は、ただ目先の利益を守り汲々として自分の懐だけを守っているようです。躍進する企業、今まで誰も考えなかったフロンティア精神で、新たな産業を生み出すエネルギーなどが見られないのです。まるでレールの上を少しも外さないように、生き続けているのです。バブルのショックのせいでしょうか、ずっと萎縮しているようにも思えます。

その根幹に必要なコミュニケーション（見せかけの人づき合い術ではありません）の人間力による経済発展の鉄則を置き忘れているからではないでしょうか。それが、産業発展の原理を説いたバーナードがいわんとするところの『コミュニケーション』です。みなさん勘違いされている方が多くいます。ただ仲良くするのがコミュニケーションではありません。コミュニケ—ションのない産業は発展していきません。その証拠が「失われた30年」です。

いま日本は躍進するＩＴの普及率とかけ離れたような、低調なコミュニケーション不足の時代です。すべての企業がパソコン入力のＩＴに頼り、幼児化して、人はロボット化し、失業者も溢れます。人間の進化の退行現象を感じます。

なぜ低調なコミュニケーションかといいますと、論より証拠で、経済成長が停滞したままだからです。独自の発想を持って会社が躍進していかなければ、個人所得は上がらないからです。通信手段が豊富になり、多種多様な通信費、ゲーム費、閲覧費、購読料等々としての通信費関連の経費がかさむ割に、企業は現状維持で守ることに終始するばかりです。個人収入が上昇しないからです。若者の間では通信費がかさむ分を、食事や遊興費等々を倹約する苦労を、ネット上で見ることもあります。

今や録画や写真などを自由に撮り、その伝送や保管も出来、文書通信や電話も安価に世界中どこにでも利用でき、ビジネスも含めてコミュニケーション力が発揮しやすくなり、個人のコミュニケーションが至極便利になりました。

しかし、個人の所得が停滞しているから、本人が希望したり思い描くほどのコミュニケーション力を発展させていくアクションを、十分に行っていないように思われますが、私だけの偏見でしょうか？

経済成長のカギを握るコミュニケーション力が立ち遅れているように思います。さらにいえば、コミュニケーション力については、かえって退化しているような印象さえ覚えます。

コミュニケーションとは個人対個人、個人対法人、法人対法人が共に共通の目標をもち、それを行うためのエネルギーともいえます。そのエネルギーを発散して経済成長が可能となれば、景気が良くなり個人の懐具合もよくなります。そうなれば通信費や交際費等々が増えて、コミュニケーション力を発揮するコミュニケーション費も増えるという図式になります。経済の歯車がかみ合うようになればその結果、インフラ予算の増大や企業の投資、個人の消費が活発になり、スポーツや芸能の発展が後から追いついてきます。

パソコンやスマートフォンなどの情報通信機器の普及により、書くという行為が、ペンをもって行うものから、スマホやパソコンのキーボード文字変換に頼りただボタンやタイプを打つだけのタイピングに移行しつつあります。

平成26年度の国語に関する世論調査によれば、文字を手書きする機会がありますか？という問いに、「あまりない」「ない」と答えた人を合わせて27・3％にも上がっています。これを「便利になった」と社会変化を喜んではいられません。

しかし、便利さゆえに失ったものに気づく人も多いとみえて、「文字を手書きする習慣をこれからの時代も大切にすべきである」と回答した人は91・5％、にも達しました。年賀状や挨拶状に関しては、「手書きされたものや手書きに一言加えられたものが良い」が87・6％と、手で文字を書く機会が減りつつある中で、手で書くこと、手で書かれた文字

を重視する傾向が明らかになりました。——（文化庁2014年調査より）

「まだ日本人は捨てたもんじゃない」ですね。最近、将棋の番組でもAIが次の一手を予測する仕掛けになっていますが、まだ人間力が上だからこそ、先が読めない将棋が面白いのだと思います。

以上のようにいくらか「手書きによるコミュニケーション力」の大切さがご理解いただけたかと思います。

さらに、以下に根拠のある調査をご紹介しましょう。「手で書いて考えを伝える」ことの重大さが少し見えてくるはずです。

「タイピングか手書きか」の調査が明かした驚くべき結果

では、「寺田・保崎（2018）」の調査をご紹介しましょう。

——手書きとタイピングの違い——

手書き文字はコミュニケーションに有効な感性情報を与える。

たとえば、文字を見た時に温かさや書き手の気持ちを感じる。
手書き文字には書き手の意図や感情状態が反映される。
タイピングは簡単に文字が産出できるが、その日、その時の感情が文字に表せない。
次に（なぜ手書きの大切さと良さがあるのか）についても詳しく調査報告がされています。
手で書くという意味
そこに内在する価値とは（文字はどういう影響を与えるのか）
手で書く頻度
手で書くことの好き嫌い
手書き文字に対する自信
右記のことなどを中心に、手書き文字に対する認識に関する調査が実施されました。
その調査結果を「その1：調査方法」から「その9：第4因子　タイピングは時間が短縮される」迄を私なりに以下に簡略にまとめてみました。なお、調査が精密なだけに、研究論文を読むようで肩がこるという方もいらっしゃると思うので、書体を変えて読みやすくしました。

その1
手書きとタイピングの違いの調査
・調査対象　・A大学およびB大学のデジタルネイティブ世代の通学生の学生
・A大学通信教育課程の社会人学生
・書家
・調査時期　2016年10月11月並びに2017年8月

その2
質問事項　手で書くという行為と手書き文字に関する自由記述式アンケート。
探索的因子分析の結果・因子分析の結果4因子が得られた。

A大学およびB大学の学生21名、書家10名の合計31名が回答を寄せられました。
第1因子：誠意の伝達と命名（＝相手の心が読める）
第2因子：情動的印象の伝達と命名（＝相手に感情が伝わる）
第3因子：整斉《せいせい》（整えそろえる）さの効果の認識と命名（＝相手のいいたいことが正確に

わかる）

第４因子：手間のかかるものと命名（＝手書きとは伝達スピードが遅くなり不便）

第１因子　誠意の伝達

――誠意を伝える

手で書いた文字はタイピングに比べ、温かさや誠実さを伝えることができると認識されています。

つまり、手で書いた文字から、コミュニケーションに有効な感性情報を感じとっていると解釈されます。

・そんな手書きの文章から、温かみや誠意がより感じられるのは受け取る側にもその共感する了解があるからだと推測されます。

・文字の形象に込められている思いを、書き確かめられるということは、かな・漢字・カタカナを使い分けて表現する日本語独自の特色で、実はそこに手書きの重要なファクターがあると思われます。

・先述の国語に関する調査（文化庁　２０１４調査より）においても、「文字を手書きする習慣を大切にすべきである」「年賀状や挨拶状は手書きされたものや、手書きが一言加えられたものが良い」との回答が９割ありましたが、これもまた、因子１の「温かさ、誠実、人柄、気持ち」を伝達する認識があるからだと考えられます。

第２因子　情動的印象の伝達
――相手の心を動かすアピールにつながる

・書き文字は受け手に情緒的印象を伝達するという認識から構成されています。手を動かして形作った手書き文字は、書き手と、受け手の伝達過程が明らかになりました。つまり、手書きの文字からは、書き手の感情がより伝わっているのではないでしょうか。

・第１因子と第２因子の相関関係が強く、手書き文字には誠意が表出されるとの認識があるからこそ、書き手の情動が伝わり、記憶にも残りやすいと考えられます。

・また、瞬時にスクリーンに提示されるタイピング文字に比べ、相手が自分のために時間を割いてくれたことに対し、ありがたみを感じるということも明らかとなりました。

第3因子　整斉《せいせい》さ（的確にいいたいことを表現）
――理解され相手と心を結ぶテクニック

「整えられた効果の認識」からは手書き文字は均整がとれ、読みやすさが重要であるとの認識があることが明らかになりました。

・文字の整斉さが劣ると、書かれた内容への共感や意図の伝わりやすさの点で疑問が残ります。
・第1因子や第2因子の相関関係が非常に高く、書き手の誠意や情動的印象が伝わると思われます。
・「手書きとタイピングとの文章ではどちらがより気持ちが伝わるか」については、こちらの気持ちを伝えるためには丁寧に書くことがより必要なのかもしれません。

『徒然草』（第35段）の兼好法師の言葉にも、

―手の輪わろき人のはばからず、ふみかきちらすは、よし。見ぐるしとて、人に書かするは、うるさし。―

（字の下手でもかまわず手紙など積極的に書くのはよい。字の下手を気にして代筆させるなどはよくない。）

とあります。手書きをおすすめする一つの考え方といえるでしょう。

下手でも読みやすく丁寧に書けばよいのです。

つまり、文字の整斉さが、手書き文字の価値判断に重要な影響をあたえていると考えられます。

第４因子　手書きは手間のかかるもの

――タイピングは時間短縮だが中身が１００％伝わらない

タイピングで速攻（スピーディに理解しても無機質で人間性が分からない）

・手で書くことは時間がかかる。デジタルネイティブ時代の認識が強い。
・以上これら4つの因子から、手書き文字に対し、誠意や情緒的印象を効果的に伝えるという価値を見出し、その価値判断に文字の整斉さという要因があること。
・その一方で、手で書くことは手間がかかるということは周知のとおりで明らかになりました。
・手で書く頻度の低い人は、手で書くことを手間のかかるものととらえています。
・手で書くことが好きな人は、手で書くことを重んじ、手書き文字に対し誠意や情動的印象を、効果的に伝えるという価値を見出しています。
・手で書くことの好き嫌いが、誠意や情緒的印象に重要な影響を与えているのです。

以上が「寺田・保崎（2018）」の調査結果を、大変僭越ですが、私なりに簡略にまとめてみました。

調査の結果についてのまとめ・コミュニケーション効果を明かす

日本の将来のデジタル社会はどうなってゆくか、それを占う意味でも今回の［寺田・保崎（2018）］の調査結果が、大変貴重なデータになります。

右の調査結果を僭越ですが私流に、できるだけ分かりやすくご紹介したいと考えています。

私の場合はタイピングか手書きかの二者択一の問題よりも、「コミュニケーションを行う時、日本語の文章で手書きですると「いかに相手の情感が伝わるか」と考えるので、「皆様にも『手書き』についてぜひ気づいていただきたい」、それが第一の目的と思っています。

具体的には、大切なコミュニケーションは電話やメールではなく、手書きのはがきか手紙でいかがですか？　といいたいのです。そのためにはパソコンやメールのタイピングを最小限度にして、手書きの文章でコミュニケーションをとって欲しいと考えています。

今回の調査を参考にして、拙著を通して手書きすることがコミュニケーション力に目覚めさせ、しいては「失われた30年」の眠りから覚めるときがくるのではないでしょうか。

理由その1「誠意の伝達」から教えられるもの・相手を知る

・タイピング文字より、温かさや誠実さでコミュニケーションに有効な感性情報を文字にしながら感じとり書いています。
・自分の思いを文字に託しながら　かな・漢字・カタカナで書いています。
・「文字を手書きにする習慣を大切にすべき」は多くの人が認めていて、内心わかっていること。

理由その2「情動的印象の伝達」から教えられるもの・人を動かす

・手を動かして作った文字には、書き手の思いが入り、受けてる人もまたそれを感じとります。
・手書きの努力を受ける方の想いを大切にする気持ちを感じて、その労に感謝します。

理由その3「整斉さ（整いそろう）の効果の認識」から教えられるもの・理解から感動へ

・手書きの字は均整がとれ、読みやすさが重要と認識されます。

理由その4　文字の整斉さ（整い）が劣るとわかる文字伝達がなぜ大事か

・書かれた内容の共感や意図が逆効果になります。
・文字の整斉さが手書き文字の優劣に大きな比重を占めます。

理由その5「タイピングは時間が短縮される」

・手で書くことは時間がかかると若い人たちが考えています。

要約は以上ですが、その一方では
・手で書くことは手間がかかるということが明らかになりました。
・手で書く頻度の低い人は手間がかかると思っています。
・手で書く人は誠意や情動的印象を効果があると思っています。
・手で書くことの好き嫌いは、誠意や情緒的印象に大きな影響を与えています。

加齢と共に自分のことより、不思議と国の将来を考えるようになります。
そんな時必然的に日本語の現状と未来について考えさせられます。小学生の低学年から英語教育が必須になり、その分国語教育が減らされるのではないかと心配しています。また、社会はデジタル化が進み、IT化が当たり前のようになり、各種通信機がその操作マニュアルだけでも膨大な量になり、国語教育がデジタル機器の操作に費やされそうです。国語教育が機器の操作必須で、肝心の言語教育がお座なりになる可能性があるような予感さえしてきます。

唄を忘れたカナリヤでないですが、今の日本人は日本語を書くのを忘れて、世界史の中で〝裏の背戸の小藪《こやぶ》に〟に捨てられそうです。

この傾向はIT時代の幕開け（1997年）と同時に始まっています。

デジタル社会は先行き不透明で、日本人は心のどこかで日本の将来を心配しています。心配する必要はないです。

日本語を忘れず書き続けることです。日本語がひととひとをつなぐ、そこから組織が生まれ、その組織をエネルギーに変身させるのが、コミュニケーション力です。

第5章

「手書き効果4つの認識」があなたを変える

―日本語で考えるから創造力が生まれる―

「タイピング」と「手書き」の根源的な違い

「手書き」するとは、単に良い文章を作るための行為だけでなく、日本の文化や伝統を守ることや、人間が生きるための不可欠な行為であり、脳をフレキシブルな状態においておくためにも、もっと大切にすべきものではないでしょうか。

『手書き』によって心身の健康を保ち、脳の活性化にとても有効です。おまけに日常のコミュニケーションを豊かにし、人間関係を築くことでもあります。いま、NHK大河ドラマの『光る君へ』の源氏物語の文のやりとりは当時、平安の貴族文化の象徴であると同時に、紫式部という日本文学のベースを彩った人物が作り出した人間文学の古典と称されています。

まさに「手書き」とは、その根源を生み出す原動力となったと思います。では、現代社会においてはどう思われているでしょう。さらにいえば、手書きすることは人生の価値を高める、根源的な活動といえるのではないでしょうか。

手書きは、手作業の典型的な行為です。時間がかかるし、他者に頼むとしたら経済的にかなりの負担が強いられます。まずスピード時代の昨今、面倒ですよね。その点、タイピングは時間短縮ができ、その分経済的にも負担が小さくなります。また、字並びもよく書類としてはきれいな仕上げとなりますし、どちらかといえば、若い人に好評を得る傾向にあるのはよく分かります。

若いファミリーやそこで育った子供たちは小さい時からスマホになれているわけですから。

しかし大事な日本の文化遺産をパスしてしまっていいのでしょうか。便利さはどんどん時代をスピードアップしていきます。

しかしＩＴは大事なものを置き忘れていっているのです。このままＩＴに人間力が敗北してもいいのでしょうか?。

「考えながら伝える」ことの重要性

ＩＴは「手書き」の実は大事なファクターを見落としているのです。タイプや印刷物のはがきなどの便りに手書きで書かれたたった一言に人間味を感じ、嬉しさがあるものです。重要性を強調するだけではありません。プラスアルファがあるのです。私は速くてきれいな見栄えをする現代感覚のタイピングより、人生を豊かにする手段としての「手書き」を推奨したいのです。機械仕掛けの日常に飽きるときがあるはずです。そのスピード時代の欠陥に気づいていただくために、こんな昔話を老婆心ながら記してみました。

イソップ物語「ウサギとカメ」（現文をお借りして、文字論にしてみました）

ある日、**ウサギ文字**が**カメ文字**にいいました。

「おい、**カメ文字**さんよ、きみの足は、どうしてそんなにみじかいんだい。それじゃ、のろいのも、むりはないな。」

ところが、**カメ文字**は、いいました。

「そんなにばかにするのなら、ひとつ、きょうそうしてみよう。きみがどんなにはやかろうと、かつのは、ぼくにきまってるさ。」

ウサギ文字は、こんなのろいやつをあいてに、きょうそうするなんて、
ばかげたはなしだとおもいましたが、
「よし、そういうのなら、やってみよう。」
と、おもしろはんぶんにいいました。
そこで、きつねにしんぱんをたのんで，はしるみちと
けっしょうてんを、きめてもらいました。
いよいよその日になりますと、ほかのどうぶつたちも、
おおぜい、けんぶつにやってきました。
二ひきは、キツネのあいずで、スタートしました。
ウサギ文字はぴょんぴょん、かけだして、たちまち、
みえなくなりました。けれども、**カメ文字**は、のろのろと、
すこしもやすまず、あるいていきます。
ところが、**ウサギ文字**はうまれたときから、足がはやい
のがじまんだから、こんなきょうそうなど、おかしくて

ほんきでやるきになりません。
そこで、とちゅうで、ひとやすみと、ごろり、みちばたに、
ねころびました。
すると、つい、いいきもちになって、
ぐうぐうねこんでしまいました。
カメ文字は、ようやくおいつきました。でも、ねている**ウサギ文字**を
よこ目でみながら、けっしょうてんめざして、
てくてくと、あるきつづけていきました。
しばらくして、**ウサギ文字**は目をさましました。
「しまった。ねこんでしまったぞ。」
大《おお》あわてで、かけだして、けっしょうてんへとびこみ
ました。すると、まあ、どうでしょう。
カメ文字は、とっくについていて、どうぶつたちの、
さかんなはくしゅに、とりまかれているではありませんか。

ウサギ文字は、はずかしくて、はずかしくて、こそこそ、にげていきました。

（のら書店発行『イソップのおはなし』〈小出正吾・文／三好碩也・絵〉より

イソップはギリシャの出身で、紀元前6世紀ごろの寓話の達人です。

元来寓話というものは、簡潔で短く、主として動物や植物が人間のように話したり、行動することによって、人々に道徳的な教訓を与えるたとえ話として広がっていきました。動植物の特徴を捉え、人間心理の機微をつき、社会を批判し、人生の指針を示すのに適した最も身近な教育訓として素晴らしい影響力を発揮してきました、子供たちにも、興味を与えることのできる全世界に親しまれた寓話集です。イソップ物語のすべてがそんな社会的・高邁なお話ではありませんが、紀元前の物語として、いま考えても優れた内容の作品といえるでしょう。

イソップ物語から「ウサギとカメ」を選び、**ウサギ文字**を**タイピング文字**、**カメ文字**を**手書き文字**に見立ててみました。不思議とマッチしているように思います。

現代はスピードや効率を求める社会です。組織が拡大しそこに活動する人もけた違いに肥大化する社会です。人間社会は少し、急ぐあまりに個の成長や進歩が全体に包含され、個の強さがかき消される傾向が見え隠れしているようです。個性が失われる時代に見えるのです。

そういった人間社会を大事にする意味でも手書きは問題を提起しているように思います。所詮人間のすることですから、もう一度「故《ふる》きを温《たず》ねて新しきを知る」、でどこかに手書きの要素を取り入れ、人間的な趣をのこさなければならないものではないでしょうか。

ウサギはスピード感があり、目的までの到着は抜群の速さがあり、他に負けない到着の確率が高いといえます。それに比べて、カメは短い足で休みもしないが、ウサギには勝てそうもありません。しかしウサギは、他者に敗けない早い足に対する驕《おご》りがあり、それに胡坐《あぐら》をかいて一休みです。寝すぎて気がついてゴールに行ったら、カメさんがすでに到着していた、そんな寓話の物語です。

足が長くて、速く歩けて走ることも出来るウサギさん。
その驕りが油断となり敗北。
足が短くて走るどころかゆっくりしか歩けないカメさん。
そのハンディがあるので休みもしないで、自力で歩き続けるカメさんの勝利。
人生はハンディがあっても平気だという心意気。

いつの世も強いもの、大きいものが弱いものや小さいものを軽蔑し、驕りや自惚れがまかり通る、そんなことが無いようにとの願望を込めた逸話です。２５００年前も今も全く変わらない人間社会です。

前述の文化庁が文字重視したこととは別に、戦争や大災害などで、タイピングが不可能になった時にどうしますか。手書きしかできない場合もありえますよ。超高層マンションに住んで地震に遭った、エレベーターが動かなくなったら大変です。文明は意外ともろいものかもしれません。ＩＴに頼るこれからの時代は未知数です。人間力に立ち返ってこのあたりで少し考えるのもいいのではないでしょうか。そんな警鐘の意味合いもあり、「ウサギとカメ」のイソップ物語を取り上げ、手書き文字をおすすめしました。

「書きながら考える」時間をかけるべき心得――「急がば廻れ」

武士《もののふ》の　やばせの船は　早くとも
　いそがば廻れ　瀬田の長橋

この歌は室町時代の連歌師　柴屋軒宗長の短歌で「急がば廻れ」を詠んだ短歌です。都に変事があった時、東国や北國の武士のはやる心を戒めた歌ですが、信長や家康の戦国武将の顔が浮かびます。宗長が室町時代の人ですから源義経や木曽義仲などの顔が浮かびます。長旅をようやくクリアして、もうすぐ京の街に着く20里ほど先の琵琶湖の西岸を超えたところです。

長浜や今津から船便を使えば早くて楽な旅になりますが、比叡山や比良山からの強い北風に船が転覆する場合もあります。当時の船の大きさや操船技術から見れば万が一とまで行きませんが、百に一度くらいの確率で船の異常があったかもしれません。それ故に慎重を期して陸路で瀬田の長橋まで行った方がよいですよ、とアドバイスしています。作者は急ぐ心は禁物で、長旅であればなおさらであると、戒めの歌で安全を期した歌です。

ちなみにこの作者は駿河の国に在住していて、年に何回となく京へビジネスで出かけておられて、琵琶湖の水路が近道のようだが、実際はそうじゃありません。実際の旅人の経験から故事の格言を詠われたと思います。人間の神経として急ぐときは近道があれば、当然のこととしてそれを採用したくなるのが当たり前というか人情でしょう。

イソップ物語の〝競争〟や格言の急がば廻れの〝長旅〟は、人間の本能として自惚れや計算が顔を出すのが当り前のように思われます。

しかしながら、百分の一や千分の一の可能性でリスクが伴うとしたら、どう判断しますか？

焦ってはいけないという戒めの諺だと思います。

早くしたい、楽をしたいと人間誰しも思う欲望です。欲を出したら焦りはつきものです。平常心が何処かへ隠れてしまい、見えるものも見えなくなり、日ごろの冷静な判断力は何処かへ行ってしまいます。

焦りとは別に余裕をもって事に当たりなさい。

距離的にも時間的にも余裕をもって対応すれば、見えないものも見えてくるし、思わぬことも思えて、人生楽しくなりますよ、と教えてくれています。人生は遠廻りしたり、時間がかかっても余裕をもってゆったりと生きましょう。そんなアドバイスの諺です。

個人的にも日本人が日本語の学力が衰えたらどうなるでしょう。暗澹たる未来です。少し遠目で考えてもこれからの日本は、自国語を書かなくなったら国力の低下をきたします。

その最前線は、手書きコミュニケーションの如何にかかっていると思います。

さらに突き詰めていうなら、手書きコミュニケーションの手書きは自筆が一番です。そこに価値があるからです。

音声の代筆やタイピングでの文字はもう一つです。自筆での日本文字を書くことが何より脳活にもなり、文化を守ることにもつながります。

書くことにより、誠意の伝達や情動的印象の伝達が伝わり、自他共に最高の手書きコミュニケーションが生まれます。そのためにも「急がば廻れ」の精神で生きましょう。

ノーベル化学賞受賞の白川博士が言う「日本語で考えよ」の意味――「科学を日本語で考え、伝えることの重要性」

2000年にノーベル化学賞受賞した白川英樹博士の対談集『化学に魅せられて』白川英樹・福山秀敏（理論物理学者）（岩波新書）より

ここに貴重な手書きにかかわる対談がありましたのでご紹介します。

白川英樹博士と理論物理学者の福山秀敏氏との対談集にこんなやりとりがございました。

白川：昨日、「ファーイースターン・エコノミック」という雑誌記者――彼はたぶんアメリカ人だと思うんですが……インタビューを受けたんですが、「日本ではノーベル賞が少ないとはいえ、自然科学ではあなたを含め6人も出している。ところが、中国人がアメリカで活躍してもらったという例はあるが、中国でもらった例はない。韓国であるいはタイやマレーシアでは一人も出ていない。それはなぜだと思うか、こういった国々と欧米と何が違うと思うか」と聞かれたんです。

私はその理由の一つとして、欧米や日本は母国語でサイエンスを勉強できることがあるのではと思うんです。英語の訓練として、キッテルの個体物理の教科書を使うという日本の大学は多いと思うけれど、個体物理そのものについては日本語で勉強できる。ソウル大学などを見ると、個体物理の講義に英語のキッテルを使っている。全部英語でやっている。

タイ、マレーシア、シンガポールも完全に英語でしょう。香港も英語、つまり、よその国の言葉でやっているんですよ。私はサイエンスに国境はないと思いますけど、自分の母国語でするのと、よその国の言葉で勉強するのでは、あとあとずいぶん違ってくるんではないかと思うんです。

福山：それは全く同感です。サイエンスに国境はない。サイエンスが客観的な結果を追及している以上、これは当然です。ただしそれは、結果がインターナショナルであり、国境がないということであって、結果に至る筋道は大変個人的で、それぞれちがいます。それぞれの国で行われる、それぞれの追求なんです。自分が一番しっくりくる言葉や考え方で一生懸命やるというのが自然なやり方だと私も思います。（以下省略）

（『化学に魅せられて』白川英樹著〈岩波新書〉より）

対談の途中の抜粋となりますが、博士は母国語での学問の研究や追及は、とことんやんなさいということをいっておられます。ノーベル賞の対象になるような研究や学問は、母国語で思うところを十二分に追及することだといっておられます。

翻《ひるがえ》って私見を申すならば、母国語を大切にするということは、独創的な研究に欠かせない、ということだと思います。独創性を求めるには独自な感性が要求され、それは自国語の洗練されたエキスのようなものから、生まれるのではないでしょうか。

従って、学問や読書だけでなく、体験や経験の中からも想像が生まれ、それを求める思いが言葉（目標）となり、テーマ（目標）となり研究が行われ、新しいモノが生まれます。そんな風に考えますと、言葉とか自国語とかの言語学が、人間の発展に欠かせないものと思います。それはまた言葉として、人生における不可欠な、そして大切な代物といえます。

われわれの日常の中で、一個人の発展に欠かせないのは言葉です。それゆえに新聞や書物を読むことから、モバイルの中からでも、言葉を身近なものとして日々の生活に取り入れる、そんな環境が必要ではないでしょうか。そのためにも言葉の手書きこそ必要であり、即ち文字の手書きがタイピングに勝るとも劣らないといえるのです。言い換えれば、あまりにも『手書き』文化を時代遅れとして扱いを軽んじているように思います。

手書きの中に潜む見えないメリット――「手書きの価値の認識」

手で書くこと、手で書かれた文字を重視するべき傾向が明らかになりました。

手で文字を書く機会が減りつつある中で、２０１４年文化庁も手書きの重要性を認めました。タイピングに増えつつある文章の作成で、手書きの重要性をなくしてはならないという警鐘と捉えています。時間のロスや手間賃等々の問題だけでなく、人間が生きるという根源的な行為と解釈してもよいのではないでしょうか。

手書きは、人間が生きるための根源的な行為と述べましたが、手書きしなければ生きられないということでなく、健康で長生きができる条件みたいなものです。

人間の身体は、どの部分も無駄なものは一切なく、成長や健康のために存在すると教えられてきました。そうであるからには、自分の肉体を隅から隅まで、内臓や神経系統まで無駄なく使うことが得策といえます。

手で文字を書くという、手に刺激を与える運動は、キーボードで文字を打ち込む行為よりも格段の刺激を与え、脳を奮い立たせて良い結果を与えるといわれています。

キーボードに指先で触れるより、手書きで刺激を与えることは、書くことにより強烈な刺激を脳に打ち付けることができるのです。

ある研究で、授業内容をノートで書きとめるようにと指示された大学生の方が、キーボードで内容を打ち込む大学生の勉強より、試験の平均点が良かったという話があります。ノートに書きとめた彼らはまた、試験の後も長い間そのデータを、忘れないで覚えているとのことです。

その昔、中学生の頃に短歌を暗記しようと、何回となく手書きして覚えるようにしたものです。手書きすることにより文字を自動的に覚え、それにより記憶の紐を手繰り寄せ覚えたものです。人はそれぞれ記憶能力によって記憶の仕方が異なると思いますが、私の場合は、丸暗記をしても翌日には見事に忘れています。短歌の文字のいくつかを覚え、そこからきっかけを得て、暗記力をとりもどすやり方をしたものです。

人間は生きている間は「読み、書き、聞く、話す」の言語の四拍子が必要です。四拍子どれがいいということでなく、生活するための基本です。書くことが記録として残りやすくそれだけに、他者に大きな影響を与えます。そのことは、相手に読まれることを意識して、内容などが整斉《せいせい》（ととのいそろう）としてるかを考える、それが文章力だと思います。

こうお話してきても書くことに抵抗がある方もおられましょう。こう考えてみてください。

「書くことに抵抗がある人へ」

字が下手だからごめん被るというのではなく、下手でも他人に伝わるしっかりした書き方ならいいのです。人の目など気にしないでください。その意味では、私は下手な見本みたいなものです。

友達には下手なりにそのまま書く時もありますが、年配者やお得意先の方にはそれなりの整斉さを気にして書きます。要するに、相手に不快感を与えなく、こちらの主旨を伝えれば、それ以上のことは望まなくてもよいと思います。少なくともこちらの素直な気持ちをお伝えすれば十分と思っています。

どうしても気になる場合は、タイピングの文字で書類を作り、添え書きを一筆入れることもあります。確かにタイピングの書類は整然としていて、文字も美しく感じますが、見ようによっては、内容によってはその人の思いが伝わらない時も多々あります。

そんな時は別紙にして、追加文を書きこちらの主旨を繰り返したりします。

いずれにしても、文字というものは、記録に残りやすいものですから、一言一句に注意を払いながら、相手に失礼のないようにしなければなりません。

はがきは手書きコミュニケーションのシンボルである

言語としての日本語は衰退するのではないだろうか？そんな心配と同時に、今の日本人ははがきを書かなくなった、ということも心を痛めています。日記は自分ともう一人の自分とのコミュニケーション作りですが、はがきは個人対個人の心のキャッチボールで、コミュニケーション作りの最たる道具です。道具といったら失礼な表現ともとれますが、日本語の特性を生かすコミュニケーション作りにははがきは最高の味方といえます。

手書きコミュニケーションのもっともいい習慣は、はがきによるコミュニケーションといえます。自筆で文字を書き、相手にこちらの意をくみ取ってもらい、お互いにコミュニケーションに厚みをつける、太くする、そんな時は人生で至福のひと時といえます。

そのようなはがきも最近は減少傾向をたどり、２０２０年度に扱ったはがき51億通余りで前年度に比べて11・２％の減少となっています。この年は新型コロナの流行の初年度という年ですが、コロナ禍だけでなく景気の停滞やネット社会が原因ともいわれています。

はがきといえば年賀状ですが、幼いころに友達からいただいた時の思い出は、一生忘れない楽しい挨拶状だったと思います。年賀状という習慣があったからこそのおかげです。ただ今や、スマホとパソコンの時代です。今の子供たちはハガキに対して、どうなんでしょうか？気になるところです。

日本のはがきは年賀状から始まりました。その歴史は平安時代から始まり、現代まで続くわけですが、郵便制度創設者・前島密《ひそか》（近代的郵便制度の創設者。「郵便」「切手」の名称を定めた。１円切手の肖像）がその功労者といえましょう。

現代は物資が豊富で、通信や交通も便利ですが、江戸時代以前は食料などの物質不足や旅をするにも不便な時代でした。そんな時代は人と人とのコミュニケーションが少なく、希少価値がありました。要するにコミュニケーションが不足していました。

そんなことを思いめぐらすとコミュニケーションとは人の出会いといえます。一期一会ではないですが会って話をすることがコミュニケーション一番の要です。

交通・通信の発達した現代は、プライベートでもビジネスでもあらゆる次元で多忙を極めて、一日の時間がいくらあっても足りない時代です。そんな時代は電話・メール・文書・映像等々を使い短時間でコミュニケーションの成果を挙げることが日常茶飯事、当たり前のことです。しかしながら、そんな時こそ見えるものも見えなくなり、聞こえるものも聞こえなくなるものです。

昔からのいわれていることではありませんが、「急がば回れ」の故事が思い出されます。時間を気にせずゆったりとした気持ちを持てば、見えないものも見えてきて、聞こえないものも聞こえてくるものです…。

コミュニケーションづくりは面談が一番と記しましたが、その中で、自分を正直に出せることがベストです。相手の立場に立ってコミュニケーションを図ることも大切です。お互いの立場が違っても、立場を超えての共通点を探り創ることが肝要です。

ちなみに日本には古くからお歳暮・お中元などの習わしがあり、コミュニケーションをつくるのに使われていました。現代でも多くの企業に使われ、税務上では接待交際費で認められています。その良し悪しは別にして、こころの感謝という交流としてのコミュニケーションづくりです。

終章

コミュニケーション力に
なぜ手書き習慣が必要か

―国の行く末を「コミュニケーション」と「手書き」に託す―

失われた30年が教えるもの

２０２０年あたりから「失われた30年」という言葉が新聞紙上に載るようになり、ちょうどその頃からＧＤＰがドイツに抜かれるという予想が重なり、日本の経済的凋落が頻繁に報道されるようになっていました。

21世紀に入ってから20年間は、世界の経済は順調に推移し、中でも中国やＡＳＥＡＮ諸国は高い成長を成して現在に至っています。その反面、Ｇ７とりわけ日本は低成長が続き、主だった産業の伸び悩みが景気の足を引っ張り、日本の経済は21世紀初めを失われた10年と呼ばれていました。

中でも中国は世界の工場といわれるように、軽工業から電子・機械工業迄のあらゆる産業を行い、Ｇ７の領域を侵食する事態といえます。日本の産業を低迷させる大きな原因の一つともいえます。

また、その頃に産業の海外移転が脚光を浴び、人件費の安い海外生産に比重を大きくする企業も相次いでおります。それらは単なる工場移転だけでなく、技術移転を中心とする研究部門の移設も行われ、同時に若い技術社員の人事異動も行われ、日本の国内産業の衰退に拍車をかけることにもなりました。

その後リーマンショックがあり、日本経済が大きく落ち込みます。そして政府はいくつかの経済政策を行うが、景気の拡大には及ばない結果を繰り返して、最終的には２０２０年に新型コロナのパンデミックの影響を受け、経済が大きく落ち込みます。

このように記してきますと、失われた30年とは世界経済の枠組みの変化がそうさせたともいえます。（もちろんそれだけでなく、国民全体のコミュニケーションの希薄さや、ＩＴ革命やバブル崩壊、金融政策や財政政策、世界や国内政治等々が絡み合い影響していますが……。）要するに失われた30年とは、中国やＡＳＥＡＮなどの後進国が飛躍するための枠組みに合わすことであったといえます。かっての貿易立国のエースとまで思われた日本国も形無しの状況といえます。

最近ではゾンビ企業が悪者扱いにされる風潮があります。古いものにしがみついていては、新しい生産的なものが付いてこないといわんばかりです。

その意味では、新しい起業をしなければ日本の将来がありません。

そんな話を聞いたり、新聞記事を見かけます。

確かに既存の生産やサービスがぎっしり詰まった現代社会や企業間競争において、割り込みや不法侵入は許せません。そういう意味では新規開発のモノやサービスが必要なのです。従って今の日本の社会は、モノやサービスの新しいものが要求されるのです。既存の外需を頼っていては大きな経済成長は望めないのです。自らの手で新規需要をつくらなければならないのです。

失われた30年は、我々にそれを教えてくれているのです。

本領としてのバーナード理論

組織というのは、2人以上の組織員が目的をもって物事を成す行為であり、目的達成のために行動をしなければなりません。しかし目的達成といっても、どんな目的なのか意味の統一をしなければなりません。いわゆる共通目的です。共通目的を達成するために、組織員はやる気を起こし、無駄のない行動を起こさなければなりません。そのためには組織員同士のコミュニケーションが必要となります。

3人の場合もあれば100人や1000人の場合もあり、日本国の場合は1億数千万人の組織です。組織が大きくなりますと、目的の在り方や組織員同士のコミュニケーションが複雑化して、統一行動が困難を伴います。更に目的達成のためモチベーションも複雑多様化されて、無駄のない行動がとりにくくなります。バブル後の日本国はそんな状態でした。

組織とは大きくなればなるほどその運営が難しくなり、そこに組織論が学問や行動面でクローズアップされるわけです。バーナード理論ができた頃の米国の状態が組織を持て余した時期でもありました。そこにバーナード博士がメス入れ、社会の要請に応え、その結果としてバーナード理論が生まれました。

第3章にも記しましたが、当時の米国は第一次世界大戦の戦勝国としての経済拡大する時期でもありました。しかしながら、成長企業が一転して倒産企業に落ちぶれる変動の激しい経済社会でもありました。当時、ニュージャージ州ベル電話会社の社長としての経験と、彼の社会学に関する幅広い教養とがドッキングして組織と経営管理が体系化されたのがバーナード理論です。簡単に申せば、世界の経済覇権を握る米国の企業社会の経営は、強固な組織を作り社会に貢献しなさい、ということです。組織を強固にすれば倒産もなくなり、自由な民主国家としての米国経済社会は繁栄しますということです。

もちろん企業においても、バーナード理論の中心は組織論であり、組織の3要素として、その中でも共通目的が最大のポイントといえます。企業という組織に関与する人々は共通目的を確実に把握し、それに向かってモチベーションを発揮して、成果を得ることが要求されるのです。そして、そのためにはコミュニケーションが必須条件となるのです。コミュニケーションの活性化こそはバーナード理論の本領といえるのです。

日本語の特色は手書きにある

先の章で記しましたが日本語の漢字は表意文字で、書くことにより文字の意味の延長線上にある〃何か〃を掴み、新しい創造的なものを得る可能性が大きいといえます。更に、ひらがなやカタカナはその漢字の引き立て役を演じ、調理でいう隠し味のような役割を果たし、世界でも類まれなる文字といわれています。また、日本語を書くことにより脳の活性化を大きくし、更なる創造的な意味合いの文章が出来るのではないかとも思ったりしています。

最近は、書くことは読むことでもあると思っています。幽《かす》かな声で書きながらその文字を読んでいる自分に気づきます。カリスマ講師として著名な表三郎先生ではありませんが、読むことは脳を刺激し、左脳と右脳を結ぶ脳梁線を太くし、さらなる脳の働きをよくするともいわれています。要するに、手書きすることは創造的な発想ができて、日本語の特性を十分に生かせるということだと思っています。

第4章で記しましたが、人間のコミュニケーションの最良方法は手書きにあると結論づけました。それは書くことであり人間としてのこころとこころの交流が生じ、本物のおつき合いが出来るということです。それを生活やビジネスや政治・経済等々に生かせれば人々の幸せに大きく寄与できるものになると思います。

特に、日本語は表意文字だけに、書くことにより、創造的な言動が生まれる可能性が大きいと考えています。

日本史を振り返ってみますと足利時代の室町文化、信長・秀吉の安土・桃山文化、徳川時代の江戸文化などは、私のような素人発想ですが、日本語から派生し創造された出来事のようにも思われます。世阿弥の「風姿花伝」、秀吉の「太閤検地」、芭蕉の「奥の細道」

などの代表的な著作や事業などは日本語の着想から生まれたものではないでしょうか。

文字がコミュニケーションとなり文化をつくって、文化は人々のコミュニケーションを更につくります。そのコミュニケーションは、文字を書くことから始まるといっても過言ではないでしょう。もちろん口からも伝わり、行動からもコミュニケーションは作られます。はがき・手紙・電話・FAX・ラジオ・テレビ・新聞・Eメール等々……。

いずれにしましても、言葉や文章は日本文字を組み合わせることから始まるのです。そこに日本文字を思い出し言葉にすることや、日本文字を書いて文章にします。言葉や文章は表意文字の意味を理解しながら成り立つのです。

そんな日本語は話しながら、書きながら新しい着想となり、発想となります。日本語の特徴はそこに存在すると考えられます。

そんな特徴を生かしてこそ日本語は、独創的な新しいユニークな言動が生まれるのです。特に文字の手書きによって。その文字の意味合いに導かれるように、漠然としたものが徐々に具体的なものとして新しい着想が生まれ、そこから本人が望むものに近づいて、大きな発想となるのです。表意文字は手書きすることによって、その人の求めるものに近づくのです。

国の行く末を思う

日本国は独自な着想と発想によって独創性のある産業を起こさなければ、他国との競争に勝てそうもないと断言できます。過去のソニーのウオークマンやホンダの２輪車のように独創性で、他社の追随を許さない商品をつくることです。そんな商品というか産業を起こさない限り、日本の１９６０〜１９８０年代がそうであったように、世界のリーダーとしての経済大国になれないと思います。

人口減少問題や労働力問題、財政問題等々当面の問題をクリアしながら、新規開発の先手を打つことです。特に重要なことは、ＧＡＦＡ（グーグル・アップル・フェイスブック・アマゾン）などのように新しい産業をＩＴがらみで世界に先駆けて行うことです。既存の産業や商品でなく、まったく新しい開発商品をつくることが必須条件です。既存の産業や商品では、経済の成長はなく、じり貧の国家になるだけです。

日本経済の当面の問題は国の多くの課題に対処しながら、地道に行動を起こすことですが、新産業や商品の開発は単なる業務だけでは済まされません。独自な実践力と着想によって独創性のある産業を起こさなければ、他国との競争に勝てません。そのために独自な着想が必要なことはいうまでもありませんが、この出版で最初から論じている独創性のある着想力と発想力が必要になってきます。

独創性のある着想力と発想力を、国民がこれらを確実にものにできれば、日本の将来も捨てたもんではないと思います。そのための方法はいくつかありますが、その一つとして日本国を一つの組織と見做し、共同目的として、着想力と発想力を身に付けるために、手書き訓練をするシステムをつくることです。

手書き訓練をすれば日本語の持つ特性で、自ずから独自な着想力や発想力が身に付いてきます。それと同時にコミュニケーション力も付き、ビジネス世界や家庭生活でも良きころの交流が可能となり、心身ともに充実した日々が可能となります。バーナード理論ではないですが、国として共通目的を「手書き国家」として、着想力と発想力を高め、豊かな経済社会を目指そうではありませんか。

日本語の手書き習慣がコミュニケーション力を磨く

ここまでコミュニケーションを磨くためのいろいろな方法と考え方をご紹介してきましたが、さらに実践的に身に付けていただきたいとの思いから、少し繰り返しになりますが、手書き習慣について補足します。

「手書き文字」が人間の脳に及ぼす、クリエイティブな発想とその根本にある、すでに紹介しましたが、「組織論の父」と呼んでもおかしくないアメリカのバーナードが指摘した組織論について語りたいと思います。

さて、皆さんの生活にスマホによる携帯文化が占める割合が大幅に増えたと思います。しかし果たしてこのスマホ文化が人間にとって本当に有益なのでしょうか？

私はどうしてもそうは思えません。ここまでコミニュケーションというものがいかに重要かということをお話ししてきましたが、今の我々の身の回りの生活習慣の中では、よりロボット化していくような未来しか見えていないように思います。

日本の「失われた30年」を振り返ってみますと、クリエイティブ「独創的」な発想で企業を推進していくそういう企業が非常に少なくなったと思います。チャレンジや冒険、少しはみ出したような試みがどんどんなくなってきました。それは、コミュニケーション力を見失ってしまった結果ではないでしょうか。自分に閉じこもって人と会話するよりもゲームで一人で遊んだり、テレビを眺めるだけでマンツーマンで語り合うという機会がすごく少なくなっていると思います。

少しバーナード博士の組織論についてもう一度よく見てみようと思います。

企業だけの問題ではなく組織のある所必ずバーナード理論が必要であるという指摘があります。それは人間を中心として人間を尊重する組織でなければ組織はエネルギッシュに動かないということにつながります。

例えば飯野春樹さんの著書「バーナード組織論研究」（文眞堂刊）の冒頭にも、病院組織の実証研究に従事してそれがいかにバーナード理論が顕在化ということが指摘されています。企業ばかりでなく、人間関係ある所、必ずコミュニケーション組織論が必要だということなのです。会社という組織を動かすには、経営者は個人個人の力集団でまとめて大きなエネルギーにしていかなければならないということだと思います。

人間関係学を持たない経営者はまず失格ということになるでしょう。正しく人を使うには正しく人を見る力がなければなりません。人間が何か一つの目的に向かって成し遂げようという気持ちを持つということは組織全体の目標が見せかけのスローガンでなく、すべて一致する力がなければなりません。たとえば報酬だけをあてにして組織をまとめるという考えでは組織はうまく動きません。

組織を築いていく過程で、それぞれの個性を発揮するには、あまり大きな組織にするとその個性が消えてしまうという考えも生まれました。そこの過程では4人一組で考えるのが良い力を発揮するのではないかという意見もあります。この考えは、アメリカ合衆国の技術者で経営学者でもある、F・W・テイラー（1856年〜1915年）という人が指摘したことで、この人は人間関係論が主として批判の対象でもあったようなときに、集団を分割せよというような意見を持っていたように思います。必ず人間の集団や組織で起こる問題は、人間関係のトラブルが一番多いと思います。

人と人をつなぐ力それは何かといえば、やはり心の通い合いだと思います。そのためには、手書きでやりとりをする日本独特の文化を本来大切にしてしかるべきものだと思います。嘆かわしいのは最近、年賀はがきや暑中見舞いなど含めて手紙やはがきのやりとりが極端に少なくなったと思います。これはスマホによる影響が、親子三代にわたって普及して、手で書くのではなくキーを叩く、キーボードでお互いの意見をやりとりする文化にとって変わってしまった結果ではないでしょうか。

もちろん伝統的な古い代々伝わってきた文化がすべていいということをいっているのではありません。実際、昔の職人気質の生き方ではとても新しい組織を動かしたり、新しい発想で新商品を生み出すなどということはできなかったと思います。

しかし、その古い文化を見直したり新しい文化が押し寄せる波の中で、それでもこれだけは揺るがないものがあり、波にもがいていろいろなことを試すことによって発見が生まれると思います。

新しい発想で新しい組織でやろうとするとき、コミュニケーションの心の通い合いから組織のエネルギーが膨らんでいき、大きく育っていくものだと思われるのです。

ここで近代組織論の父ともいわれるチェスター・バーナードの考え方をより日本の今の実情にかなったコミュニケーション力として具体的に実践的にご紹介したいと思います。

そうはいっても私は学者ではありません。一介の実業畑の人間で、多くの失敗や挫折の中から新しい挑戦を見出して久しぶりに出会ったのが、バーナードの主著『経営者の役割』(山本安次郎・田杉競・飯野春樹訳　ダイヤモンド社刊）です。この本の中にコミュニケーション力が凝縮されていますが、当時としても「組織革命が起こった！」といわれるほどショッキングな登場であったようです。

しかし残念ながら日本には、この考え方があまりとり入れられなくて、それがうまく浸透して溶け込んでいるとはいえない状況のように思います。この本は誰でも気安く読めるというものではなく、とっつきにくい専門的な表現に満ちていますが、組織、すなわちそれが家族や友人グループにおいても「協働」（目的に向かって共に成し遂げようと行動する）して何か目的を一致団結して達成するとき、必須のものだからです。会社を経営する者にとっては、必読書といわれますが、著者自ら書いていますが、あらゆる組織に応用できるものです。共同体として一つにまとまるには、例外なく必要な考え方だと思います。

日本人は自由に生きる、自分本位に生きるということを疎んじる傾向があります。組織に入るとまず周りの顔色を窺い、自分の個性を殺して順応していくものだという意識が強いように思います。これがいけません。

つまり「私はこう思う」というそれぞれの人間の考えの集合体が、大きなエネルギーとなって新しい発想や良い人間関係が生まれると思います。仕事も生き方もすべてコミュニケーションを大切に考えていけば豊かな人生を送れると私は断言します。参考・「経営者の哲学」チェスター・I・バーナード著W・B・ウオルフ・飯野春樹編／飯野春樹監訳・

日本バーナード協会訳〈文眞堂刊〉

個人の気持ちを無視したりするような組織では何も新しいものが生まれにくいといえるのかもしれません。会社というのは求める人の気持ちを理解して、その求める人に提供する品物を作るのが根本だと思います。全体主義よりも個人主義が大事です。

進歩発展していくためには個人の「こうしたいああしたい」という気持ちを尊重してやっていくことから生まれてくるものではないでしょうか。

企業というのはややもすると一つの体系化をしてしまい、またその企業の権威を守ろうとするためにより保守的に鎧を着ているような組織になってしまうのではないでしょうか。バーナードは経営学の権威ですから企業がどうあればいいという立場で語られていますが、どんな場でも共通すると思います。親子関係、家族関係、友達関係、すべてに必要な考え方ではないかと私は思うのです。パソコン、スマホ、に負けず、日本文化の原点を再認識して、手書き文字の発想、哲学を大事にしてほしいと思います。それと個人の自由な発想を膨らませて、よりお互いに心の通い合う素晴らしい組織あるいは家族関係を築き上げようとするためには、私は手書き習慣によってお互いの心のやりとりをすべきだと思います。

昔の典型的な便りの名文としてよくいわれたのが、最も短いけれど重要なことを伝えているというこんな手紙です。

一筆計上火の用心 お仙泣かすな 馬肥やせ

たった一行、これだけです。これは、徳川家康の家臣だった本田作左衛門重次が戦《いくさ》の場から女房に送ったと伝わる手紙です。

当時としては一番大事だったのは火事にならないことだったのです。それと幼な子を大事にして、また戦場に欠かせないものだった馬を育てよ、というのが趣旨で、しかも愛情溢れたもっとも短い手紙といわれます。

さて現在ではどんな愛情溢れる一番短い手紙があるでしょうか。スマホ文化を批判するようなことをいってきましたが、もしかしたらスマホのやり取りの中に愛情あふれる手書き言葉があるかもしれません。スマホが悪いわけではありません。そこにある人間の愛情溢れる心が伝わればいいのです。

それはまた人間関係の荒波に乗り出しても、その中でみんなを引っ張っていくエネルギー溢れたメッセージを伝えられればいいのです。それが新しい日本を作っていくことになるでしょう。

もう一つといえば組織の中でリーダーシップがとても大事であるとバーナードはいっています。バーナードは2万5000人の従業員を擁する電話会社の経営者に任命され、そこでその組織のリーダーシップをとったのです。その時何が一番大切かといえば、YesNoを決断して素早く意思決定して行動することが大事だと語っています。それが従業員のいわれたことだけやる毎日の繰り返しの気持ちを刷新しやる気にさせるものだと思います。

メッセージを素早く伝える、これが手紙でも重要なことです。そのように考えて気楽に手紙交換をしましょう。もちろんスマホでお互いの意見交換をやってもいいのですが、最近のラインなどの例をみると、イラストや絵文字を入れて、伝言板のようなやりとりになっていたり、TVのコマーシャルのようにやたら擬音が多い文句で、文章とはいえない代物をよく見かけます。言葉をやはり大事にするという意味では、手で書くとそこに血の通った文章が生まれてくるように思います。

どうか皆さん日本語の素晴らしい文化を大切にしてよりクリエイティブに生きる道を切り開いてください。

手書きの最右翼は日記つけること

また、手書きで人生の価値を高めるには、日記が一番だと思います。特に若い人は行動を記録することにより、自己管理ができ新しい目標ができ、新しい世界に挑戦ができるのが日記の良さです。行動を記録するといってもメモ的で良いと思います。1カ月や2カ月もすると、メモの中から共通項が文字としていくつか浮かび上がります。

たとえば、土曜日ゴルフ練習場へ行くが、混んでいて3時間も待たされた。次の日曜日はゴルフのコンペに参加するも、ショットがままならずスコアが110たたきで練習の成果がなかなかでない。一緒にコースを回った職場の上司から、もう少し練習場に通いなさいと言われた。

この場合のように、ゴルフをするなら集中して練習してスコアが良くなるようにすべきと感じる。ゴルフは趣味として人生の伴侶みたいで、仕事にも生かせるし、積極的に練習し、コースも出るべきと感じる。そのあたりが大きな人生の岐路になる可能性を秘めています。

ゴルフという共通項こそ、単なる趣味でなく、自分が無意識的に求めている人生の目的や目標が、そこに潜んでいる場合もあるのです。日ごろの行動こそ人生の一里塚かもしれません。日記から感じたことが、人生の岐路としての大きな目標となるかもしれません。

『日記の魔力』（サンマーク出版）という本を出された表三郎さんは日記のすばらしさを次のように書いておられます。

【頭の中でぼんやりと考えているだけでは出てこない言葉が、文章化することによってどんどん出てくるのだ。つまり、書くこと自体が、物事に向かう姿勢を変え、姿勢が変わることによって、今まで見えなかったものに気づき、新たなる自己発見につながるというわけです。】

日記は書くことにより、頭の中でぼんやりとして出てこないものが、メモ的な行動記録から、日を重ねることによりはっきりと出てきます。この辺が日本語の最も良い点だと思います。いずれにしても毎日書くという事になれば、年間通じて膨大な文字数になり、手書きの最右翼となります。

また、家計簿をつけたり、季節ごとの献立を記録させたりして、自分の代わりに記憶させることも価値あると思います。特に、食料品などの価格や新商品のメーカー名等を記憶させれば、いざという時に家計のお役に役立ちます。その他日記ならではの良さがたくさんあるものです。

私は60代になってからは老後対策として、前日の食事を思い出し、献立を書くようにして、記憶力の減退を少しでも和らげようと努力したこともあります。今もそれに準じて時々行っています。痴ほうの予防や記憶力の維持などでの効果は、毎日の手書き作業でかなりの目的が達成できると、かかりつけのお医者さんからいわれました。そんなこともありまして、毎日の日記の手書きを自筆で行っています。

また、毎日の日の出、日の入りの時間を記して、季節の移り変わりを感ずるように心がけていました。夏至や冬至の頃の日の出や日没を肌で感じるのも捨てたものではないと思いました。地球の自転と公転を思いめぐらすだけでも、宇宙人の気分が味わえる、そんな日ごろとかけ離れた時間に浸ることも心の健康になりそうです。

日の出、日の入りの記帳をすると年間の気温の移り変わりも自ずから敏感になります。

さらに、年間の二十四節気《にじゅうしせっき》（中国伝来の季節を示すことば）も自ずから覚えるようになり、日本の四季のすばらしさを実感するようになります。

若い時や高齢者になってからでも、日記は誰でもが自由に思いつくまま書けます。

誰しもが、手書きを毎日欠かさず書くことが可能です。その意味では「手書き」という作業は、日記が一番の人生の可能性を秘めています。

自分とのコミュニケーション作りは、日記が一番です。

現実の自分。

自分の気づかない自分。

可能性のある将来の自分。

そんないくつかの、もう一人の自分を求めるのは、日記が一番です。

日記を書いて楽しみましょう。

新しい日記を手書きで始めて、もう一人の自分との、コミュニケーションをつくる一里塚にしましょう。

私の手書きはがきの文化論

先でも述べましたが、指先を動かして脳の活性化をするには、タイピングより手書きがベストであることはすでに述べました。ただし、はがきを毎日書くこともないので、日記なら毎日書くことができます。しかし、日記は自分だけの文章であり、第三者には見せませんので、文字の丁寧さや字並びはもう一つのようです。

そんなこんなで毎日の日記を書きながら、週一回のはがきを書くのが私のはがき習慣の理想論です。

私には何人かの方が、年にそれぞれ5回～20回ほどの文通友達がおられます。私の日記は3年連用日記10行書きのものに記しています。

相手の人柄や人数からして、はがきと日記で手書きするには、程よい回数であると思っています。はがきはもらった時必ずはがき専用ファイルで保管しています。書いて出す場合も、書いた事を忘れないために、それを極力複写して保管するようにしています。

はがきを書くときに私は、必ず末筆に年月日を記します。また、はがきをもらう時に相手が書かない場合でも、私の自筆で末筆に年月日を記します。

私にとって、はがきを書くことやもらうことは、人生の年輪みたいなもので、写真アルバムではないですが、人生の移ろいを感ずるバロメーターといえます。

はがきの用紙は官製はがきでなく、私製のはがきで10行の罫線が入ったものを使っています。時々官製のはがきを使う時には、自分で罫線を入れて使用します。

罫線がないと、私の字はあまり上手くなく、字並びも凸凹して見るからに荒っぽい文章を想像させるようです。要するに、初めての人や目上の人に出す時は、内容ではなくて外観で差出人の人間性や内容を決められそうなので、せめて字並びや丁寧さを出すために、罫線が生命線になるような丁寧な書き方をします。

毎月一回以上の文通をする人には、文字の上手・下手を気にしませんが、できるだけわかりやすく書きますが、時々読みにくい乱雑な文字も書いてしまいます。申し訳なく思いますが、忙しいからということで許してもらいます。

はがきは字数に制限がありますので、途中から書く欄が足らなくなると、一行のところを二行にして書くこともあります。さらに、宛名・住所欄のスペースを半分近く割《さ》いて、要件を書くこともしばしばあります。はがきのルール違反ですが、相手に対して失礼と分かりながら、甘えさせてもらっています。もちろん、気のおけない人ですから。

一枚の紙に住所を書いて要件を記し、切手を貼れば世界の果てまで、何処へでも届くはがきこそ、人類の英知であり、人間の可能性を追求する証《あかし》だといえます。

それだけに、今少しその使い方や利用の方法を工夫して、誰でもが何処へでも容易に出しやすくなることを考えたらどうでしょうか。

また、最近は土日祝日の配達が禁止になり、投函してから相手に届くまでが四、五日がかかることが多々あります。この遅配が郵便離れになるきっかけになっているようです。早急に対処することを望みます。

しかし、実際にはスマホ文化がハガキ手紙文化を押しのけていくのでしょう。これも世の趨勢《すうせい》ですが、「手で文字を書く」文化だけは忘れないでほしいと思います。

追補

コミュニケーション習慣をつける

―はがき・手紙の交換記―

簡単なやりとりは電話やメールでいいけれど、いやかえって普段はざっくばらんな会話のように交わしていても、ビジネスの大事な要件はもちろん永年の先輩や恩師など、大切にしたいお付き合いの方には配慮したいものです。メールであっても下書きをして、「文字に残す」ものは表現に留意するようになりました。大事な要件や、心を込めてお見舞いや激励、感謝やお礼の表現でも文字に残すものはおろそかにできません。大事なお相手ほどはがきや手紙の交換が多いように感じています。

年賀状の交換をしはじめてから75年が経つと思います。

文字に残すと間違ったことや変なこともいえないから、言葉を慎重に選ぶようになり、そのことが軽薄な自分にとって少しはいいのかもしれません。

そんなことを考えながら今年で齢81歳です。

日記も含めて書くことが趣味のようです。

その割には他者に自慢ができるものが少ないようです。

いずれにしても書くことの重要性が、これからの時代にますます必要になってまいります。そんな時代に、いい格好をしたいとか儀礼的に失礼にならないようになどと形式に囚われることではなく、本当の気持ちを伝えたいいたいときに、必要だと思います。昔より出版物の新聞も大きく減少傾向にあり、本を読みつけない人が増えていることに、日本の行く末が心配です。かくいう私も年のせいで読書量は大分落ちているし、他人ごとではありません。ここでもう少し奮起したいと思います。日本人がそして日本が発展するために日本語の良さを再認識して、日本語に親しむことが、自慢になるとか、そうでないとかはいってておれないと思います。大げさにいえば、これから日本人として、日本語を書くことが民族や国の興亡を左右するのではと心配になります。

日本人に生まれて、日本語の素晴らしい表現力は、英語は世界共通語になりやすいシンプルさはもっていますが、奥深い表現力の点では、世界中で一番ではないかと思います。ここまで日本が発展してきたのは日本語に起因すると思うのです。

それは「日本語を書くこと」から始まっていると確信しています。

読者の皆さんも、この本を手に取っていただいたのを御縁として、日本語を自筆で書く習慣をおすすめしたいと思います。

一人でも多くの日本人が手書きを大事にすることが国家の繁栄の第一歩です。

ここに記す何人かの方々のはがき・手紙は名のある文人の名文ではありませんが、尊敬すべき諸先輩ばかりで、私のこころの玉手箱です。

彼らは書くことの妙を心得て、他者を先導できる人々です。

浦島太郎ではないですが、玉手箱を開けるものではありませんが、今回の出版に際し玉手箱の一部を皆様の前に公開させてもらい、その意を汲んでいただければ望外の喜びとさせていただきます。

それらの文中には、人間同士のコミュニケーションが芽生える基本的なものが潜在していると確信する次第です。すなわち、人と人の心をつなぐ、自己表現の本質が滲み出ているように思います。


ここからは手書きコミュニケーションの実例として、特別にご了解をいただきご紹介するものです。パソコンやLINEのやりとりより深い人間味があると思います。

【1】私（著者）が戴いた手紙やはがき

1「お茶会40回」の記念会の便り

清水敏正様　東京都杉並区　渋谷駅前歯科クリニックを経営　交遊歴：25年
先般行われました40周年記念のお茶会についてのお手紙を戴きました。

［内容］40周年記念お茶会（令和6年5月11日）

記念のお茶会は、皆さんよくご存じの『柿傳』でした。ただ、お茶室「残月亭」をご存知の方はごく一部の方のみ、かくいう私も今年初めて足を踏み入れた次第。

東京都の登録有形文化財にもなったお茶室を安田先輩のご好意で拝借できました。

けやきの会発足数年後、当会ゆかりのけやき木がある新宿御苑の楽羽亭の茶室でお茶をいただくことが始まり、その後、石川利一先輩のお力で

「気軽に楽しむお茶会」スタート。

石川先輩の後を益田佳代子さんがお茶席の運営を一手に引き継いで20年近く、楽羽亭、正芳庵、そして今回の残月亭。当代のお茶人もここでの茶会開催を憧れる場所。

益田恵美子さんに席入りの作法を教示いただき、安田先輩に茶室のいわれ、蘊蓄を教えていただき、さてお点前の開始。細川護熙元首相作のお茶碗に薄茶を点てるのは草間さん。

その後から入る亭主役を務める私。大牟田会長夫妻、大石副会長夫妻、現役メンバーを含めて40名ほどが、茶席の雰囲気、床の間の軸、季節の花、茶道具、どことなく張り詰めた
良い緊張感。都会のど真ん中で，何ともいえない静寂を感じながらの茶会進行、裏方には佳代子さんをはじめとするメンバーが打ち合わせ通りにお菓子、お茶を皆さんに運び入れる。気楽なお茶会、でも背筋が思わず伸びるお茶会。けやきの会の人たちが紡いできたカルチャーは多く

の人の力を借りて、まだまだ続きます。

私の感想

清水先生は郷里の岐阜県の大垣市から上京され、誰も知らないコミュニケーション皆無の大東京でゼロから医院を開設されました。渋谷駅新南口から20秒もかかるかかからないかの好立地にあり、そこに私も20数年患者としてお世話になっています。

青年会議所を卒業されてから、OB会の新宿けやきの会の世話人会としてご活躍されて、新人の面倒や会の運営に大きく寄与されています。

お子様も立教小学校の男子3年生で、良妻賢母での奥様の采配で将来楽しみな少年です。

奥様はJR東海の秘書室に在籍され、ビジネスマナーの優れた方で、けやきの会でイベントがありますと世話役を率先してやっていただいています。

今回はお茶会40周年記念という事で、感想を手紙にして書いていただきました。お医者さんといえ、仕事以外であまり手紙を書かれないようで苦労されたようです。手紙は書き慣れてないと大変苦労を強いられるようです。たかが手紙ですが自分の思いを文章にして、相手とのコミュニケーションを作るだけに、いざ作文という時は大変の様です。

2　山仲間の友人より

山崎 義史様　岡山家真庭市在住　大阪時代：山仲間
大阪で北区や住吉区の郵便局長を歴任され、定年後は岡山のふるさとへ帰り、奥様と悠々自適の生活を。

拝啓　ご無沙汰してすみません。早5月も終わろうとしていますが、お元気でお過ごしのことと思います。

この3月に妻の兄がC型肝炎を患い、癌になって亡くなりました。去年の秋に、余命半年といわれていましたが、よく働く人で体調の良い時は、畑の草とりなどをやって、春植える野菜のことなど用意していました。国鉄からJR新幹線、津山の隣の高野駅長などを務め、鉄道一筋でした。

また、叔母が4月に亡くなり、季節の変わり目で葬儀場がいっぱいで、お葬式まで10日間かかりました。その後の法事などで、何かと忙しい日々を送りました。

ちょっと遅いですが春の俳句を送ります。

菜の花の　列に連なる　一年生

（菜の花が畑や土手に列を作っている。その横を一列に小学一年生が、黄色い帽子を被って歩いて行く）

バタバタと　雲雀の親の　名演技

（雲雀は、巣の子を守るため、外敵の

前でケガをして飛べないふりをして、追ってくる外敵を遠くへ誘導する）

4月20日、21日と淡路島の渡辺君の別荘へ行ってきました。河村、富田夫妻、古谷、安間の若手が集まりました。

渡辺君の世界一周の報告でさすが、毎日日記を書いており（パソコン入力）よく整理ができていて色々な話がでました。

大きな船の安い部屋で、大波が来れば丸い窓に波がかかる。2人部屋で相手が話の分かる人だった。

マチュピチュには、30万円かかる。以前行ったので今回は行かなかった。

リオのカーニバルはすごかった。等々書き出したら切りがなく、渡辺君に聞いてください。

もっと早くお手紙をしようと思っていましたが、何かと気ぜわしくやっと書けました。

いつもありがとうございます。令和6年5月26日　敬具

私の感想

山崎さんはこころに残る映像と文字が、ハイレベルに合体化され文章化される、その術を心得ておられます。佳《よ》き文章をつくられ、その証拠に最近では俳句もかなりのレベルになってきています。岡山と東京で末永くキャッチボールをしたいものです。俳句を通して四季の移ろいを題材にして手紙の交換をしています。俳句が二人を取り持つコミュニケーションです。彼はいつも長文ですが、私は時々はがきで胡麻化しています。やはり文字を書くのも体力というか若さが必要なようです。

3　自分でお別れのご挨拶を書いた闘病の記

渡邉由美子様・清様　大阪府茨木市在住　新潟県新発田市出身

ここからが葬儀案内をかねた由美子夫人の文章です

お礼の言葉（ご挨拶）

昭和二十九年二月　広島県尾道市にて出生し二十二歳まで、
主に広島市内で学生時代を過ごしました。
縁あって、昭和五十一年に大阪市に就職し、福祉関係の職場に
従事させていただきました。
二十四歳で結婚し、一男一女に恵まれ、仕事・家事・育児と
充実した時間を過ごしました。
休日は主にアウトドア、家族で行ったネパールトレッキングは
とりわけ印象深い思い出です。
平成二十三年三月、三十五年間の公務員生活を終え、
家事調停委員として多少の社会との繋がりを持ちつつも、
旅行・資格習得・お稽古事・ジム通いなど健康的な生活を
送ってきました。本当に病気とは無縁の日常でした。
五人の孫たちとは、それぞれの成長に伴うたくさんの楽しい時間、

喜びを共有させてもらいました。
平成二十六年九月、すい臓がんが見つかり、放射線や
抗がん剤治療をしながら、出来るだけ普段通りの生活を
心がけてきましたが、抗がん剤の副作用に苦しむことも多く、
投げやりな気持ちになることもある日々を
家族・たくさんの友人が励まし続けてくれました。
また、信頼できる主治医にも恵まれました。
がんになったことで一日一日を大切に生きること、また改めて
周囲の方々にどれだけ支えられて生きているかということを、
感じることができた貴重な闘病の日々でした。

これまでお世話になったすべての皆様に心から感謝いたします。
ありがとうございました。

渡邉　由美子

平成３０年１１月１９日（月）記す

ここまでが生前、由美子夫人が書かれた文章です

平成三十一年四月二十七日（通夜）
平成三十一年四月二十八日（葬儀）

大阪府茨木市中村町
喪主　渡邉　清
親族一同

尚、本日は何かと混雑に取り紛れ不行き届きの段悪しからず
ご容赦下さいます様お願い申し上げます

（※ここまでが葬儀案内状です）

私の感想

以上が渡邉清家の葬儀案内です。人生でこのような葬儀案内を頂くのが初

めてであり、奥様の人生に対する慈悲深い思いがお礼の言葉になり涙を誘います。

淡路市に別宅を持って、毎週3日は大阪湾を見ながら悠々自適の生活を。しかし、奥様を5年前に亡くされて、今もまだ失意の底に日々を送っておられるとみています。中国の安徽省《あんきしょう》に小学校を寄付されて、今も年一回は訪問されているようです。また、最近は世界一周の船旅を終えられ、新しい境地を……。

奥様のお葬式のご案内が、あまりにもこころを打ちましたのでまずそれを記します。

また、病気を宣告されるだけでも、そして亡くなる半年前にお礼の言葉（ご挨拶）を書かれた時のご心境はいかばかりかと、そう思うと涙が止まりません。

彼女が集束超音波ハイフ治療で新宿の東京医科大学付属病院に入院されました時、妻と2人でお見舞に行ってお話をしてきました。話されることや姿かたちも普通の奥様と変わらず、宣告されたがん患者とは見えませんでした。

でもそれから2年余りでお亡くなりになられたとお聞きして信じられない気持ちにさせられました。あれだけお元気だったのに……。

広島大学をご卒業されて大阪市役所に就職されて、二年後には渡邉さんと職場結婚され、お二人の子供、五人のお孫さん、家族での旅行、資格習得、お稽古事やジム通い等々……。どれをとってもやり残しの後ろ髪引かれる出来事ばっかりで、心残りがいかばかりかと拝察できるだけに、あの世での安寧とご冥福をお祈り申し上げます。夫の渡邉さんは家事の切り盛り、お孫さんのお世話などに励んでおられます。ご安心してお眠りください。合掌

4　夫婦二人で行くはずの世界一周を一人で行った夫からのメッセージ

渡邉 清様

私と同じ新潟県出身ですが、彼は大阪市役所勤務だっただけに、大阪人として私の

何倍も大阪気質を持っています。大阪弁だけでなく、大阪に誇りを持っているようです。

彼は昨年末から南半球の船旅世界一周をしてきました。この船旅はたぶん奥様との約束の世界一周だったと思います。約束だけに一人寂しく発たれたことと思います。

しかしながら、彼のことだから寂しさの中から新しい大きなものを得たことと思います。青い大海原を見ながら船内のデッキを何回となくウォーキングがてらに回遊しながら、奥様と会話をして日々を過ごされたのではないだろうか？

そして、大きなものを胸に描きながら帰阪されたのではないだろうか？

［帰国後彼からもらった葉書］

前略　お手紙拝受しました。

本当に各地で地震や災害そして戦争など地球規模で災難が続きます

ね。
心配しても切りがないのですが備えは大切だと思います。
さて、私事ですが12月中旬から3月下旬まで、南半球を一周してきました。
(能登の地震はタヒチ島で聞きました)
船旅に出て少々私の人生観がかわりました。
地球の大きさや大海原を見ていると
自分一人の人生なんてはかないものと思いました。
淡路島に帰って草ボウボウの畑を毎日耕しています。
來週、若手星友会OB会が淡路島に集い、桜の花見と私の報告会を開きます。
久しぶりに皆に会うのを楽しみにしています。
はがきアクションには何もお手伝いできませんがお許しください。
お元気で……。草々

私の感想

世界一周の経験を基盤にして、世のため他人のために大きなことを期待しています。それが奥様への何よりの供養になるのではないでしょうか。淡路島と東京ではがきを通してコミュニケーションしながら人生を末永く歩きましょう。

5　修行僧体験をしてきた後輩から

M／S様　神奈川県横浜市在住

拝啓

向寒のみぎり　ますますご健勝のこととお慶び申し上げます。

この度は、ご本をお送りいただきましてありがとうございます。

最近は、正法眼蔵を根幹として道元禅師の禅を学ぶことを生活の中心としています。

その一環として、十一月三十日から十二月八日まで、鶴見の聰持寺で修行僧が集中的に坐禅をする　臘八接心《ろうはちせっしん》に参加を予定しています。

その準備で、現在経典注釈書の読み込みや後堂老師への質問の事項の整理などに追われています。

頂戴いたしました「人口問題は意識改革から」は一段落してから、ゆっくりと拝読させていただきたいと思っています。

時節柄、ご自愛のほどお祈り申し上げます。

敬具
十一月二十四日

私の感想

彼は学生時代、私の会社へアルバイトに来ていました。

卒業して大手カメラメーカーに就職されました。

就職したその年の冬のボーナス時に最高級の一眼レフのカメラを持ってきました。

「このカメラどうしたんだ？」

「アルバイトでお世話になったので、そのお礼品です」


最後はその企業の子会社の社長をされて、定年を迎えられたようです。

軽井沢でゴルフをしようとお誘いしてから十数年会っていませんが……。

クラブ活動や期末試験の勉強よりアルバイトに執心され、私にとっては会社の部下というより弟のような存在でした。

もちろん今もそう思っています。鶴見の総持寺での、曹洞宗のいろんな情報やイベントなどためになることがありましたら知らせて欲しいものです。

仏教が取り持つコミュニケーションもまた良いと思います。

6　高校、大学も山岳部の山登りのスペシャリストから

河村長人様　兵庫県川西市在住

［二〇二三年十一月二十日］

前略

昨日十二月六日は後期高齢者の仲間入りで七十五才になりました。

でもまだまだ仕事に励まなければなりません。

そして山登りも続けられるように頑張らなければなりません。

Ｆｉｇｈｔ　Ｆｉｇｈｔ

さて師走に入り、今年もあとわずかですね。何とか無事に年を越したいです。

冬休みは十二月二十八日から韓国のソラク山に上る予定です。

昨年は稜線までしか行けず、今年は再挑戦です。では又お元気で。早々

［二〇二四年一月三日］

新年明けましておめでとうございます。今年もよろしくお願いします。

さて、冬のソクラ山（韓国）残念ながら天候悪く、登ることができませんでした。

小屋を予約して頂いての計画でしたが、悪天の予報だったので、一日前から雨の中を歩き始めたのですが、山は雪で途中通行止めでした。装備も十分でなく二時間で引き返しました。足元もベチャベチャで体も冷え切ってしまい、翌日も悪天候にて夜行バスでソウル経由釜山に戻りました。旅の残り日は釜山の近くの山をハイキングで過ごしました。

冬山の経験を忘れていたようです。

私の感想

河村さんは高校の山岳部や大学の山岳部をも経て、大学を卒業されたことは私の知る人では初めての方です。高校で山の基礎をしっかりと勉強され、それを基に大学山岳部で

クラブ活動としての四年間を活動されたことに対して、深い敬意を表します。

彼が4回生の時に新人として入部してきた小浜君が、秋の立山単独行で遭難し、未だに行方不明です。今から半世紀ほど前の出来事です。夏から秋にかけて、彼を探しに河村君が今でも一人で捜索に出かけ、立山や剱岳に向かって小浜君に話しかけています。後期高齢者に入った彼に無理をしないでくれと願っています。

彼の日々の行動を観ていますと、毎週山へ出かけています。本当の山男とは彼のことを指すのだろうと思っています。学生時代ニューヨークに滞在した以外は、日本の山や世界の山を歩き続けています。最近は韓国の山に興味を持ち、週末に六甲山へ行く感じで、気軽に韓国の山へ行っているようです。

私は八十路になり登山は夢のかなたですが、山が取り持つコミュニケーションで、ためになる楽しい山行記録をこれからも手紙・はがきで送ってください。

7　ユニークな書き方で、好奇心旺盛な恩師から

岩井勝雄様　新潟県上越市在住

前略　湖北で石道寺、鶏足寺（十一面観音）を観て、勝浦へ。神倉山（コトブキ岩）速玉大社、那智大社、青岸渡寺、大滝、本宮。そして奈良へ。
東大寺（家内は初めて）二月堂、三月堂、四月堂を観て宇治平等院へ、お堂の仏様を観て帰りました。１４２０㎞の旅でした。

（自身の旅の感想）　１４２０㎞近く奥様と車で旅行したとき

感想１・勝浦には港が近いのにカラスが居ない　答え「カラスは神様だから」？

感想２・大門坂～那智大社～滝までのボランティアに案内されての２時間30分のウォーキング、熊野古道を感じました。少々の雨がかえって良かったと思いました。

瀧が煙り神の世界を思わせました。

感想３・４月堂の中は私も初めてでした。平安初期の千手観音は肉厚でこれなら千人はおろか万人がぶら下がっても大丈夫です。

感想４・三月堂の中では、ゆっくり諸仏を観ることができました。国宝もこれだけ一堂に収めるところは珍しいと思いました。

感想５・堂内は初めてでした。説明（女性）の発音が不明確で半減？

草々

（以上一枚のはがきです）

私の感想

岩井さんは私の中学2年生の時の担任先生です。教わってから60数年の月日が流れました。理科と体育と数学を教わりました。学校は海岸に面していて、晴れた日には波打ち際での青空教室です。写真もあり今も記憶の中に鮮明に残っています。

私は高校を卒業して就職したのは、生地より50キロほど離れた直江津市（現在の上越市）です。

先生はその地の出身でありましたので、そんなご縁が糸を引くようにつながり、現在まで変わらぬお付き合いをさせてもらっています。特にはがき・手紙のやり取りで、先生からはいろんなことを教わりました。国内や海外も含めた旅行には必ず、お便りをいただき、上記の紀伊半島の旅行記のように1枚のハガキからたくさん勉強させてもらいました。まるで手紙・はがきは黒板の役割のように思えてきます。義務教育時代の黒板とはコミュニケーションの権化だったと思います。

お便りをもらえば必ず返信させてもらいます。そんなことではがき・手紙は40数年間書き続けさせてもらっています。

8　自然な温かい心情が滲み出る俳句を添えて

岩井 勝雄様　新潟県上越市在住

「スズメの子　たたらを踏んで　屋根の上」　カツオ

陽気に合わせたようにコロナ禍も何とか先も見えた感じです。
このまま収斂することを願っています。

「協力金　着いた時には　店はなし」　おそい　カツオ

最近地震が多いと思いませんか。特に長野県に多いのが気になります。
何しろ断層が集まったフォッサマグナの上ですから。

わたしが心配してもどうなるものではないですが。
体調いかがですか？
小生今のところ落ち着いています。
不一

私の感想

先生は時々俳句をくださいます。早春の草花やフキノトウや山菜などの句は今にも食べたくなるようなそんな俳句です。また、お庭の草花の句も素晴らしいものがあります。

【2】私からお出ししたはがき・手紙

9 心のキャッチボールが互いを励ましてくれる

A／U様 北海道在住

前略 北海道の豊かな大地の恵みで育った新鮮なアスパラガスありがとうございました。

毎年の変わらぬご芳情厚く感謝申し上げます。

さて、高齢化社会も本格的になり、100歳人生も当たり前の時代になりつつあります。

100歳まで生きても、元気印で最期を迎えられるか否か、これからの長寿化時代の大きな課題です。

私の結婚の仲人の奥様は今も102才で頑張っておられます。大阪府八尾市の結婚相談員をしながら、自宅では日本舞踊の指導をしながら、

90歳までは現役でした。

　昨夜その息子さんから電話あり、いつ逝ってもおかしくないから、そのつもりでいてくださいと一報が入りました。今は点滴だけでの生命維持で、静脈に点滴するにも血管が弱くなり困っているとのことでした。昨年の春に最後の別れをしてきましたが、それから一年以上経過していますが、彼女の生命の粘りに脱帽する次第です。実りの秋、食欲の秋、読書の秋、健康の秋、人を思う秋です。いろんな秋に感謝しながら、貴兄のご健勝とご多幸を祈りつつ、遅くなりましたが御礼までにして失礼いたします。奥様によろしくお伝えください。

草々

私の感想

　上記のはがき文はA／Uさんへの私のお礼状です。毎年のアスパラガスを通してのコミュにケーションです。4年ほど前にお亡くなりになりましたが、そのキャッチボールは今も私のこころに刻まれています。

10　酒仙と呼ぶにふさわしい酒をこよなく愛す友人から

山口良成様　大阪府八尾市栄町在住

前略　大吟醸「熊野三山」ありがとうございました。おいしく楽しませてもらいます。本宮・速玉・那智の大社を思い浮かべながら堪能させてもらいます。

この十年ほどご無沙汰していますが、それまでは毎年暮れに東京よりサンフラワー号で熊野詣でをして、その帰りに西国三十三ケ所、寺巡りしながら、掛け軸用の御朱印をもらいながら帰京したものです。掛け軸も二本目の途中で中断したままです。元気なうちに完成しなければと思いながら、なかなか困難の様です。

そんなことを考えながら大吟醸を頂いています。取り急ぎ御礼までにして失礼いたします。

奥様によろしくお伝えください。　草々

私の感想

私の夜学時代の友人の義兄ですが、いつも兄弟のような気持ちで交際させてもらっています。

酒好きで、私の酒好きより1枚も2枚も品のあるお酒のみです。まるでお酒は偉大なコミュニケーションのように思えてきます。

【3】素晴らしい絵はがき

11　絵入りの楽しいスケッチつきのお便り――

清水榮子様　岐阜県大垣市在住

おなつかしいお便りありがとうございました。
いつもながらのお元気そうなお便り　うれしく拝見いたしました。

荻窪の家族までお招きで　重ねて御礼申し上げます。ようやく少し成長のエイトに、いろいろありがとうございました。私も歳のせいか、いろいろ遠ざかる　絵を眺めるのみ……。

ようやく短歌は30年余歌と鑑賞のお遊び過ぎた次第です。ようやく4号完成の中に、載せていただいた喜びばかり残りました。ちょっと嬉しくお知らせまで。お笑いくださいませ。何とか上京の、楽しみが叶いますように。どうぞお元気で。

スケッチは短歌に詠んだ近くの麓でわが家から見えます伊吹山で、日本百名山として謳われた美しい山です。

私の感想

93歳のときの溌溂とした手紙です。

享年100歳で天寿を全うされました。

すばらしい絵はがきをありがとうございました。

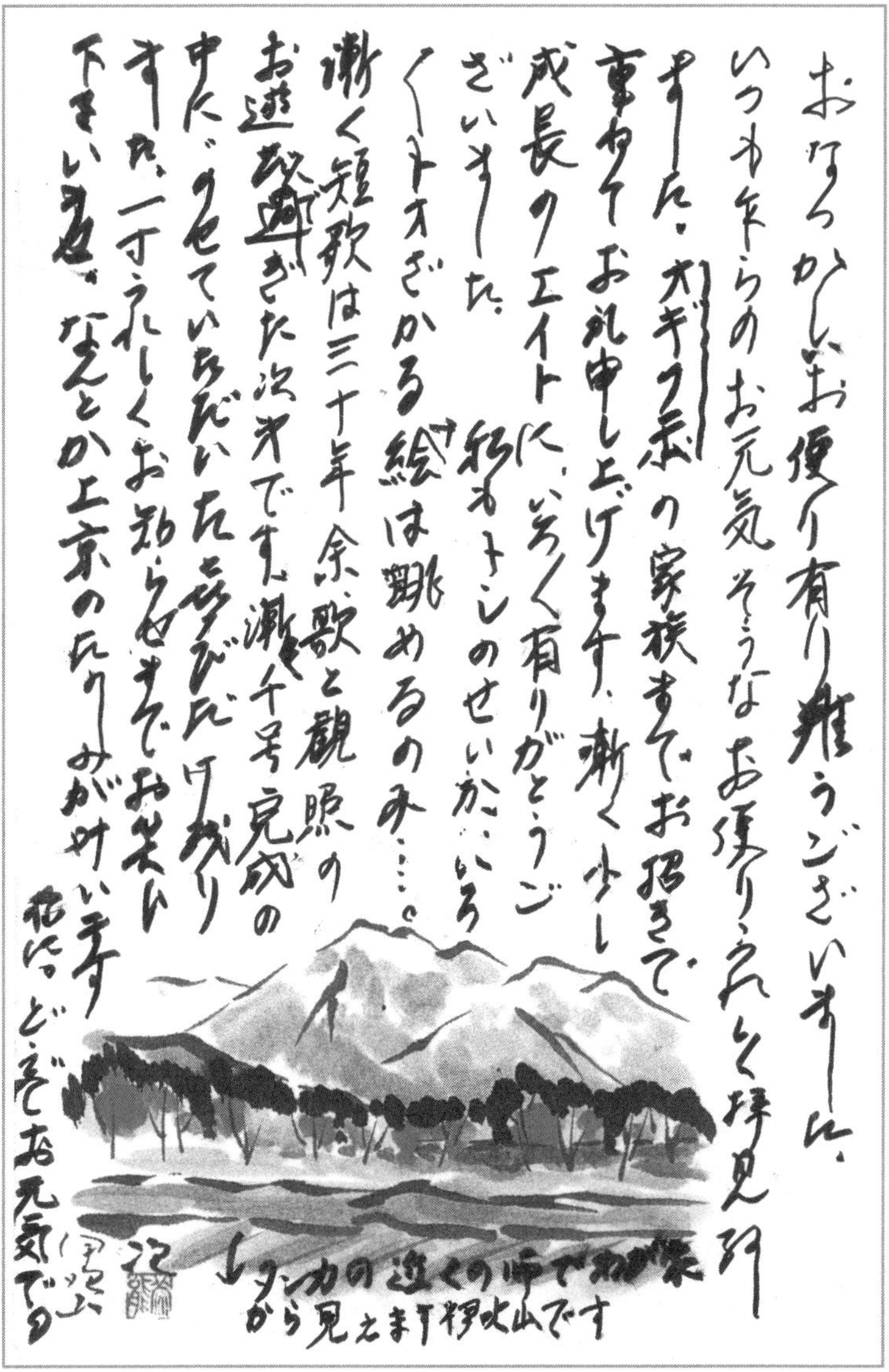

おなつかしいお便り有り難うございました。
いつもながらのお元気そうなお便り、なつかしく拝見致し
ました。オギワラ家の家族までお招きで
重ねてお礼申し上げます。漸く少し
成長のエイトに、いろく有りがとうご
ざいました。紹介下さったせいか、いろ
くーとおざかる絵は眺めるのみ…。
漸く短歌は三十年余、歌と観照の
お遊び過ぎた次才です。漸く千号完成の
中ん゛のせていただいた喜びだけあり
ます。一寸うれしくお知らせまでお送り
下さいませ。なんとか上京のたのしみがかないます
ように　どうぞお元気で
（伊吹山）
↓いつかの近くの所でわが家から見えます伊吹山です

（◇カバー裏ソデのカラー絵　参照）

おわりに

本書は私一人の力ではなく、周囲の多くの方々のご協力によって生まれることができました。

特に貴重な研究資料を提供いただいた保﨑則雄先生・寺田恵理先生に記して感謝申し上げます。

文中に貴重なお手紙・おはがきを掲載していただきました皆様に記して感謝申し上げます。貴重な意見や考え方を本書を通して広くお伝えできることは、コミュニケーションの大切さを広める者として非常にうれしく思う次第です。ご協力ありがとうございました。

最後に、本書の編集に終始携わっていただいた株式会社青萠堂代表取締役尾嶋四朗様に深く感謝申し上げますと共に、良書出版のますますの発展を祈念申し上げます。

◇参考文献

『コミュニケーションは正直が9割』田原総一朗著
（クロスメディア・パブリッシング〈インプレス〉）
『化学に魅せられて』白川英樹著（岩波新書）
『最後の忠臣蔵』池宮彰一郎著（角川文庫）
『たしなみについて』白州和子著（河出書房新社）
『日本全史：ジャパン・クロニック』宇野俊一編集（講談社）
『イソップのおはなし』小出正吾・文／三好碩也・絵（のら書店）
『経営者の役割』C・I・バーナード著山本安二郎・田杉競・飯野春樹訳（ダイヤモンド社）
『経営者の哲学』C・I・バーナード著W・B・ウォルフ・飯野春樹編／飯野春樹監訳・
日本バーナード協会訳（文眞堂）
『バーナード組織論研究』飯野春樹著（文眞堂）
『日記の魔力』表三郎著（サンマーク出版）
新版『徒然草』兼好法師　小川剛生・訳注〈角川文庫〉

著者紹介

玉木 四郎 （たまき しろう）

1943年新潟県糸魚川出身。東京都新宿区。（株）四谷コミュニティ取締役。　本名　浅羽福士。関西大学卒業。著者は永年、実業界で培った経験から「組織をまとめていい仕事を為すには、何より人と人とをつなぐ力が必要です。相手は機械でなく人間である、ということ。会社も家族も子育ても、すべてはベストなコミュニケーションがとれるか、ということなんですが……」と静かに語る。スマホのLINEやメッセージは済めば屑かご行きですが、手書きの便りは、心に残り、もう一度読み返すと懐かしい思いが蘇ってくるもの。本書は、いま日本人が置き忘れている「心のコミュニケーション」を喚起するライフワークの結晶である。著書に『人口減少問題は意識改革から』（文芸社刊）がある。

伝《つた》わる・読《よ》み取《と》る・人《ひと》を動《うご》かせる
コミュニケーション力《りょく》を持《も》て

2024年10月23日　第1刷発行

著　者　玉木《たまき》　四郎《しろう》
発行者　尾嶋　四朗
発行所　株式会社 青萠堂

〒166-0012　東京都杉並区和田1丁目59-14
Tel　03-6382-7445
Fax　03-6382-4797
印刷 / 製本　中央精版印刷株式会社

ISBN978-4-908273-34-6 C0095